W0349150

BUSINESS SCHOOL

Couverture : Valérie Le Roux
Conception graphique et mise en page : Farida Jeannet
Illustration couverture : Adobe Stock/PureSolution
Illustrations des chapitres : Adobe Stock/Freepik.com

ISBN : 978-2-311-40888-1

5, allée de la 2e DB
75015 Paris
www.vuibert.fr

Dirigé par Sylvie JEAN

BUSINESS SCHOOL

Suivez le guide !

Préface d'Alain Joyeux

Vuibert

SOMMAIRE

PRÉFACE

« La volonté de gagner, l'envie de réussir, l'envie d'atteindre votre plein potentiel..., ce sont les clés qui vous ouvriront la porte de l'excellence personnelle. » Cette citation du philosophe chinois Confucius résume l'état d'esprit et les ambitions des classes préparatoires (CPGE) et des grandes écoles de commerce.

Il ne s'agit pas, pour les étudiants, de gagner en battant un adversaire, mais bien de gagner la conquête d'eux-mêmes : pouvoir s'émanciper, se réaliser, innover, s'adapter, se passionner, partager, être – au fond – heureux et libres.

Depuis 2016, professeurs de CPGE et responsables des grandes écoles de commerce travaillent ensemble pour renforcer la cohérence du continuum des études en cinq ans. Les deux années de CPGE permettent aux jeunes d'enrichir leur culture qui, selon Edgar Morin, « relie les savoirs et les féconde ». C'est aussi le moment pour eux d'acquérir des compétences transversales qui leur seront utiles tout au long de leur vie professionnelle. Les années en grande école, quant à elles, marquent le temps des apprentissages techniques, des expériences associatives, professionnelles et internationales. Dans le cadre du continuum, des enseignements de culture générale, notamment de philosophie ou de géopolitique, ont été réinjectés de manière significative dans les Programmes Grande École, car la génération de ce début de XXIe siècle, grandissant dans un monde en transition, recherche du sens.

Puisse cet ouvrage contribuer à éclairer l'engagement des élèves et des étudiants de la filière commerciale et managériale.

Alain Joyeux
Professeur de chaire supérieure en géopolitique en CPGE ECG
Président de l'Association des professeurs
des classes préparatoires économiques et commerciales (APHEC)

INTRODUCTION

> « Survivre sans répit,
> aux désirs,
> Porter la soif
> plus loin que l'oasis. »
>
> François Cheng, *Enfin le royaume*, 2018

La chance, la coïncidence ou le hasard mettent parfois sur notre route et entre nos mains, un ouvrage qui prend le statut de guide dans notre vie. Il nous suit d'une étape à l'autre, survit aux déménagements et nous rassure à des moments clés de notre parcours, en nous apportant des réponses et en nous donnant confiance, tout simplement.

J'ai souvent repensé à ce « livre compagnon » qui m'avait été offert alors que j'entrais à l'école élémentaire. Sans être exhaustif, il abordait de multiples thématiques et j'y trouvais de l'aide pour faire un exposé, conduire une réflexion ou mener à bien un projet. Quelques décennies plus tard, en exerçant le métier de professeure, puis de directrice de Programme Grande École (PGE), l'idée d'un guide a émergé. Elle s'est imposée au fil de mes nombreuses rencontres avec des étudiants de classes préparatoires, mais également avec des parents, soucieux de l'épanouissement et de la réussite de leur enfant. Leurs questions, leurs inquiétudes, leurs espoirs, leurs attentes et leurs projets ont fortement inspiré ce livre.

L'évolution terminologique des écoles de commerce, devenues « écoles de management », puis « business schools », illustre toute la complexité du sujet. Pendant la préparation des concours et au moment des grandes étapes du cursus en école, un tel guide peut être extrêmement utile. En effet, choisir son établissement, construire son parcours académique et trouver sa voie sur le plan professionnel relèvent d'une véritable gageure. Un défi qui se construit à partir d'une première étape, celle du baccalauréat, à l'issue duquel doit s'opérer une orientation forte : postuler, par exemple, en classe préparatoire aux écoles de commerce afin de se lancer, avec courage et ambition, dans un continuum de cinq années d'études supérieures ô combien exigeantes !

Le sujet des business schools fait couler beaucoup d'encre dans les médias, à travers les innombrables classements d'établissements publiés chaque année et leurs prolongements événementiels dans lesquels les écoles investissent massivement (salons, forums, etc.). Ces activités « médiatico-marketing » relativement prospères attisent l'intérêt de diplômés des business schools, voire d'étudiants, qui choisissent à leur tour d'en faire un « business ». Ainsi, les candidats au concours ont accès à une grande diversité de sources d'information (sites internet, vidéos, livres, magazines, etc.), qui mettent à leur disposition des sujets d'épreuves et d'annales, des classements, des enquêtes sur les métiers, des conseils pour les écrits et les oraux, etc.

Ce guide est une prise de parole collective, portée par plusieurs acteurs du monde des business schools, qui sortent du prisme et du champ concurrentiel de leur école pour donner à voir, de l'intérieur, aux candidats et aux étudiants.

Neuf chapitres viennent structurer cet ouvrage, en écho à la valeur rituelle du chiffre 9, omniprésente dans les écrits homériques : « Neuf semble être la mesure des gestations, des recherches fructueuses, et symbolise le couronnement des efforts, l'achèvement d'une création », écrivent Jean Chevalier et Alain Gheerbrant dans leur *Dictionnaire des symboles*.

➥ **Préparer son entretien** ouvre le guide par le trait d'union entre ce qui précède la réussite au concours et ce qui se construira pendant les années d'études jusqu'au premier emploi. L'intérêt de se préparer à cet exercice par définition anxiogène est de poser la première pierre d'un rendez-vous avec soi-même qui se renouvellera à chaque occasion de recrutement (écoles, stages, formations complémentaires, premier job et suivants).

➥ **S'engager dans la vie associative** constitue un enjeu important dans la mesure où il permet de renouer avec ses centres d'intérêt et ses passions, tout en mettant en pratique ses connaissances théoriques. Cet engagement nécessite de connaître les apports et les mécanismes de la vie associative afin d'éviter d'éventuelles déconvenues.

➥ **Parcourir le monde** grâce aux nombreuses formules d'expériences académiques et professionnelles à l'international comporte également son lot de contraintes et de formalités. À la clé, des souvenirs, des compétences développées et une autre vision du monde !

➥ **Booster sa créativité** suppose un éclairage sur les différentes postures créatives afin de ne pas faire fausse route et de mettre toutes les chances de son côté pour développer idées et projets.

➥ **Enrichir ses compétences par un double diplôme**, c'est faire l'acquisition de savoirs hybrides qui associent les domaines du management à d'autres champs disciplinaires (droit, sciences, ingénierie, sciences humaines, etc.).

➥ **Sublimer son talent** requiert une compréhension fine des méthodes de recrutement des entreprises et l'utilisation de différentes ressources mises à disposition pour aider à construire son projet professionnel.

➥ **Militer pour un monde meilleur** en business school peut s'envisager dans le cadre de projets académiques et professionnels qui se focalisent sur la philanthropie, la responsabilité sociétale des entreprises ou encore l'humanitaire.

➥ **Travailler en équipe** représente la problématique qui fait le lien entre l'école et le monde l'entreprise. Il s'agit d'expérimenter comment se gérer soi-même en confrontation avec les autres au sein d'une promotion, d'une association ou d'une société.

➥ **Vivre l'aventure entrepreneuriale** fait rêver, au point parfois d'en faire un critère de choix de son école. La mode des « start-ups » véhicule des représentations assez caricaturales qu'il faut apprendre à décoder pour saisir l'essence même de l'entrepreneuriat.

En résumé, ces neuf chapitres ont pour ambition d'apporter des étincelles et des fragments d'éveil car, comme l'évoque l'écrivain et poète François Cheng dans *La Joie*, « en chacun de nous, chaque éveil est un recommencement du monde, source d'une joie inépuisable » !

PRÉPARER SON ENTRETIEN

Connaître les rouages de l'entretien de personnalité et de motivation, afin de bien choisir son école

SYLVIE JEAN

Directrice du PGE à emlyon

CHAPITRE 1

Selon le *Dictionnaire historique de la langue française*, l'étymologie du mot « entretien » renvoie à l'origine à « un échange de paroles ou un sujet dont on s'entretient, une œuvre sous forme de dialogue », et par extension « une conférence entre spécialistes ». Appliquée à l'univers des concours des grandes écoles de management, la fonction primordiale d'échange et de dialogue est au service de trois objectifs à garder à l'esprit :

- faire connaissance : l'entretien est un rendez-vous visant à faire mutuellement connaissance ;
- informer et s'informer : l'entretien est aussi un moment privilégié pour échanger des informations qui permettent de situer le candidat (personnalité, motivations, expériences, parcours, etc.) et l'école (spécialisations et spécificités, culture, valeurs, histoire, etc.) ;
- se sélectionner réciproquement : pour l'école, l'entretien conduit à une évaluation, donc une note. Pour vous, le candidat, l'exercice est l'occasion de se projeter ou non dans le projet de l'établissement, même si le choix final dépend aussi d'autres critères (classements, témoignages d'étudiants, parcours proposés, vie associative, etc.).

Explorons ce rendez-vous avec soi-même afin de donner du sens à cet exercice, mieux le comprendre pour mieux le réussir et l'inscrire dans un cadre qui permette de faire face à (presque) toutes les situations !

Donner du sens à votre préparation

Pour affiner le choix de son école de management, rien de tel que de préparer le fameux entretien du concours d'entrée. Les écoles n'ont eu de cesse d'en faire évoluer les modalités afin d'éviter que les candidats ne formatent leur discours. Même si ces changements peuvent être sources de stress au sein des classes préparatoires (dans la mesure où les professeurs doivent s'approprier le nouveau format afin de préparer au mieux leurs élèves), ils permettent de ne pas tomber dans le piège des réponses automatiques et du manque d'authenticité face au jury.

La particularité de l'entretien de personnalité et de motivation est de ne pas se focaliser à proprement parler sur vos compétences techniques, dans la mesure où celles-ci sont testées lors des épreuves écrites – certaines écoles font cependant exception en exigeant un oral de mathématiques, par exemple.

Les années post-baccalauréat et, en particulier, celles passées en classes préparatoires représentent un socle de connaissances indispensable à la préparation de l'entretien. La philosophie, l'économie, la géopolitique, la sociologie, etc., sont autant de disciplines qui vous permettent de forger vos opinions, de défendre vos convictions, d'approfondir votre argumentation, d'avoir la capacité de prendre du recul et donc, *in fine*, de parler de vous.

L'entretien n'est pas sans conséquence sur les étapes qui se succéderont une fois que vous évoluerez au sein de l'école. Le piège serait, dès les oraux de concours, de vous mettre en récit en vous inventant des situations, des motivations, des projets et bien d'autres ingrédients pour tenter de séduire le jury. Par la suite, cet exercice deviendra une sorte de routine (engagement associatif, stages, apprentissage, premier job...) et la tentation sera grande de pratiquer le même *modus operandi*, au risque de vous perdre au fil des entretiens.

Donner du sens à l'entretien, c'est respecter qui vous êtes.

Rassurez-vous, la vie professionnelle est longue et ils ne durent qu'un temps, mais économisez ce temps qui vous éloigne de vous-même. Donner du sens à l'entretien, c'est respecter qui vous êtes. Cela vous sera profitable, notamment pour traverser les moments difficiles de votre parcours.

Savoir décrypter les business schools

Une autre façon de donner du sens à l'entretien est de bien connaître les établissements où vous candidatez. Les dix dernières années ont été le théâtre d'évolutions profondes des structures de gouvernance des écoles de management : changements de statut, déploiement à l'international, course à la publication stimulée par les accréditations, projets immobiliers, enjeux de digitalisation, etc.

Les classements publiés par la presse française (*Challenge*, *Le Figaro*, *Le Point*, *Le Parisien*) et internationale (*Financial Times*, *The Economist*) rythment l'actualité des établissements. Les conférences de presse pour présenter les plans stratégiques sont devenues des rendez-vous incontournables. Pour décrypter objectivement les écoles, il est important de sélectionner les sujets qui permettent de les distinguer sur le plan stratégique (les statuts, l'international, les accréditations), puis selon leur « porte-étendard », la structure du Programme Grande École (PGE).

Les évolutions statutaires

L'évolution des statuts des écoles est directement liée au désengagement des chambres de commerce pour les écoles dites consulaires (dotées d'une mission de service public) et, plus généralement, à une diminution continue des dotations de l'État. Cela a eu des répercussions directes sur l'augmentation des frais de scolarité et des volumes d'étudiants (recrutement en France et à l'étranger). La recherche d'une « taille critique » ou d'un volume d'étudiants optimal, afin de rivaliser avec la concurrence internationale, a considérablement densifié les postes de charges et favorisé l'adoption de différents modèles de gouvernance. Ainsi, certaines écoles (SKEMA, KEDGE et NEOMA) sont issues de la fusion de deux établissements.

Aujourd'hui, nous pouvons distinguer trois modèles de gouvernance :

- **Le modèle associatif :** la grande majorité des écoles sont sous statut associatif, donc dans la logique de réinvestir intégralement leurs bénéfices dans les projets de l'école.
- **Le modèle EESC** (établissement d'enseignement secondaire consulaire) : nombreuses sont les écoles (consulaires ou non) à avoir adopté

ce statut, qui leur confère une personnalité morale, pour plus d'autonomie sur le plan juridique et de souplesse dans la prise de décision. Pour les écoles consulaires, la Chambre de commerce et d'industrie (CCI) demeure majoritaire à 51 %.

• **Le modèle d'établissement privé :** la CCI demeure dans le capital des écoles consulaires, mais celui-ci peut s'ouvrir à des investisseurs privés ou à des fonds d'investissement.

Le déploiement à l'international

La stratégie des écoles à l'international permet de mieux comprendre comment le PGE articule son offre de cours. Trois types de stratégies sont mis en œuvre par les business schools françaises.

Certaines choisissent de ne pas s'implanter « en propre » à l'étranger mais décident, de manière ponctuelle et pour des activités précises (recherche, relations entreprises, programme académique spécifique, etc.), de coopérer avec d'autres établissements par le biais de partenariats plus ou moins engageants. Dans ce cas, il est très rare que les étudiants du PGE puissent profiter d'une réelle offre de cours hors de France.

À l'inverse, nombre de business schools ont des implantations de campus à l'international, « en propre », autour d'activités ciblées développées uniquement sur place ; elles n'accueillent que très peu d'étudiants du PGE.

Celles qui, en revanche, bénéficient de multiples implantations offrent évidemment de nombreuses possibilités aux étudiants de séjourner sur ces campus.

Les accréditations

L'excellence académique est, de très loin, le dénominateur commun pour la grande majorité des écoles qui revendiquent la « triple accréditation » :

- EQUIS (European Quality Improvement System), accréditation européenne créée en 1997 et délivrée par l'EFMD (European Foundation for Management Development) ;
- AACSB (Association to Advance Collegiate Schools of Business), accréditation américaine créée en 1916 et délivrée par l'association du même nom ;
- AMBA (Association of MBA's), label créé en 1967 qui concerne uniquement les MBA (Masters of Business Administration), les DBA (Doctorates in Business Administration) et les MBM (Masters in Business and Management), c'est-à-dire le Programme Grande École.

Ces labels, délivrés par des organisations non gouvernementales et indépendantes, ont pour but de valoriser les business schools selon des critères de qualité bien définis.

Pour ce faire, la stratégie de l'école (missions, moyens financiers, corps professoral, recherche, partenaires académiques et entreprises associées, recrutement des étudiants, etc.) mais aussi le contenu des programmes (cours, parcours, spécialisations, échanges académiques, doubles diplômes) sont examinés à la loupe.

La structure du PGE

La construction d'un Programme Grande École sur trois ans (plus une année d'expérience professionnelle ou de césure) repose sur une structuration de l'offre de cours qui peut varier assez fortement d'une école à l'autre. Il vous appartient de faire finement le « tri » en posant des questions aux différents interlocuteurs (le directeur ou la directrice du PGE, des étudiants ou des diplômés).

Force est de constater que les écoles sont actuellement lancées dans une sorte de surenchère du « sur-mesure » ou du « à la carte », modalités censées traduire un niveau de liberté dans le choix des cours et des spécialisations. À ce stade, gardez bien en tête cette métaphore qui vous permettra de bien comprendre les discours des représentants des différentes écoles. Dans le milieu de la restauration, il existe généralement deux façons (simultanées) de proposer une offre de plats : à la carte (liberté totale de choix) et au sein de menus. Ces derniers préfigurent des orientations fortes de choix de plats, parfois en fonction de thématiques (menu gastronomique, menu de saison, etc.) ou selon des occasions particulières (déjeuners ou dîners d'affaires).

Sur le même modèle, il existe des écoles qui fonctionnent selon le principe des cours « à la carte » : les étudiants y choisissent intégralement leurs cours et façonnent eux-mêmes leurs parcours. À l'inverse, dans certains établissements, les étudiants se voient parfois proposer un contenu prédéfini (à l'image d'un menu dans un restaurant) qui, par voie de conséquence, ne laisse quasiment pas de possibilité d'opter pour tel ou tel cours spécifique.

Comprendre l'exercice de l'entretien

Comme nous venons de le voir, la compréhension de l'exercice passe par une connaissance des écoles à travers des critères d'analyse de leur stratégie dans différents domaines. Le format qu'elles ont choisi de donner à leur entretien de personnalité et de motivation est également significatif. C'est pourquoi il est très utile, avant l'échéance, de faire preuve de curiosité et de collecter méthodiquement les supports.

Les différents types d'entretien

En règle générale, les écoles mettent à disposition sur leur site Internet des informations relatives au format de leur entretien. En complément, il existe un nombre considérable d'ouvrages dédiés à la préparation des entretiens et de sites Web spécialisés prodiguant des conseils. Ce chapitre n'a pas pour objectif de fournir ces informations déjà disponibles, mais de vous faire comprendre qu'il est important, pour mener à bien votre préparation, de connaître le format de l'entretien.

- **L'entretien individuel avec questionnaire préalable :** il s'agit du format le plus ancien et le plus fréquent. Il consiste à répondre à un questionnaire avant l'entretien, document sur lequel le jury s'appuie ensuite. L'entretien, en lui-même, dure entre 25 et 45 minutes. Le questionnaire peut être remplacé par la réalisation d'un CV fictif.
- **L'entretien individuel avec supports :** la conduite de l'entretien par les jurés se fait à partir de supports (articles ou revue de presse, cartes à tirer au sort, exercices de mise en situation, etc.). Votre travail préparatoire doit

demeurer le même et le support ne doit pas vous « bloquer » mais vous aider à aborder des sujets de conversation.

• **L'entretien collectif et individuel :** ce format est assez proche de ce que vous pratiquerez plus tard dans le cadre de certains recrutements en entreprise. Pour vous y préparer au mieux, il faut avoir à l'esprit les étapes qui peuvent, par exemple, se succéder de la façon suivante : la présentation individuelle des candidats, convoqués à plusieurs (groupe de cinq ou six personnes) ; l'exercice en groupe à partir d'un cas d'école ou d'entreprise ; puis, enfin, l'entretien individuel avec un jury, qui consiste en une prise de recul par rapport à l'exercice collectif, mais qui peut être complété par des questions sur votre personnalité et votre motivation.

Les matériaux à cumuler dans le temps

L'idéal est de fonctionner en mode « dossier de presse », a minima pour les écoles qui vous intéressent, et de commencer la collecte des informations dès la première année si vous êtes en classe préparatoire. Cela vous permettra de vous projeter.

Il est intéressant de collecter les plaquettes de présentation des écoles. Il s'agit d'un bel exercice de décodage (images, textes, schémas), qui ne peut qu'aiguiser votre sens critique et votre capacité à prendre du recul.

Les écoles communiquent aussi énormément « en *live* » (Campus Channel, Major-Prépa, Mister Prépa, etc.), offrant parfois la possibilité d'accéder « en *replay* » aux interventions des directeurs et directrices de PGE, souvent accompagnés de leurs étudiants.

L'entraînement à l'entretien peut se pratiquer à plusieurs afin de "puiser" dans le collectif de la confiance et de l'aide.

Lors de la phase de prospection, n'hésitez pas à étendre vos recherches aux villes et aux régions où sont implantées les écoles que vous visez. Non seulement cela vous permet de mieux connaître l'école en question et ses spécificités, mais également de faire vos choix en fonction de l'environnement géographique.

Enfin, lorsque vous irez d'école en école passer vos oraux, la collecte d'informations doit se poursuivre en écoutant très attentivement les discours des personnes qui dirigent l'établissement et en interagissant avec l'équipe des « admisseurs », c'est-à-dire les étudiants de l'école qui sont mobilisés pour vous accueillir.

Les conseils à glaner

Les professeurs de classes préparatoires sont là pour vous accompagner dans la préparation de l'entretien en faisant le lien entre ce qu'ils savent des écoles et les connaissances que vous avez acquises auprès d'eux. Leurs conseils sont très précieux à bien des égards !

Vous pouvez aussi mobiliser vos proches, qui auront à cœur de vous aider d'une manière ou d'une autre. Il est intéressant d'écouter leurs remarques à votre sujet et de les confronter à l'idée que vous vous faites de vous-même.

L'entraînement à l'entretien peut se pratiquer à plusieurs afin de « puiser » dans le collectif de la confiance et de l'aide. Votre principal adversaire, c'est essentiellement vous-même ! Collectivement ou individuellement, entraînez-vous à partir d'un cadre qui vous apportera des repères et des points d'ancrage, et restez authentique.

Le diamant de l'entretien

L'exercice de l'entretien de personnalité et de motivation mobilise des paramètres que vous n'aurez de cesse d'interroger tout au long de vos études et de votre carrière. Pouvoir se référer à un cadre de travail et de synthèse vous permettra d'aller à l'essentiel et de répondre plus confortablement aux questions qui vous seront posées.

Ce cadre porte le nom de code « diamant ». Du grec *adamas* et du latin *diamas*, le « diamant » fait son apparition dans la langue française au début du XIIIe siècle, alors que les premiers écrits à son sujet remontent au IVe siècle av. J.-C. dans un code des impôts hindou. On le retrouve également dans la pensée antique avec Platon, pour qui l'axe du monde serait formé de diamants. C'est dans l'art de la Renaissance que nous y puisons une symbolique intéressante faisant écho à la préparation de l'entretien : « le courage devant l'adversité, le pouvoir de libérer l'esprit de toute crainte, l'intégrité du caractère, la bonne foi », rappellent Jean Chevalier et Alain Gheerbrant dans leur *Dictionnaire des symboles*.

Préparer et passer un entretien requièrent beaucoup de courage et nécessitent une libération. Pour faire face à cette épreuve, plus vous resterez intègre et de bonne foi, plus cela vous apportera des bases solides de prise de recul et de progression.

Le diamant de l'entretien

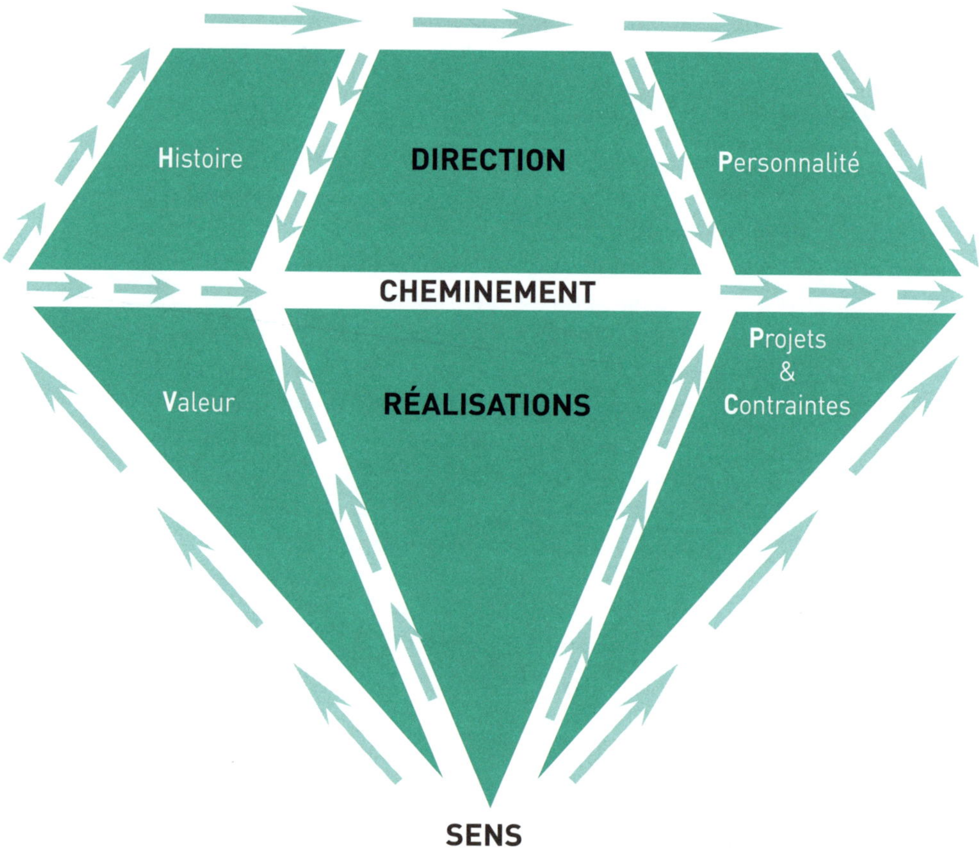

Le diamant de l'entretien se décline selon neuf dimensions : direction, cheminement, réalisations, sens, histoire, valeur, personnalité, projets et contraintes. Nous les aborderons de manière verticale et circulaire.

L'axe vertical du diamant

L'axe vertical est la quête de sens que l'on peut envisager à la façon de François Cheng : « On prend part, et on va quelque part, cela peut être résumé par un seul mot, le mot sens. Ce mot polysémique est un diamant de la langue française. Comprimé en une seule syllabe, il donne lieu à trois définitions, à savoir : sensation, direction et signification. »

Votre préparation aux concours vous permettra de prendre part à la dynamique de recrutement des grandes écoles et d'aller, autant que faire se peut, vers celle qui correspondra le mieux à vos projets.

- **Direction.** En faisant vos choix post-bac, vous avez déjà donné une direction à vos études, en les poursuivant, par exemple, en classes préparatoires. Vous aviez alors la « sensation » de choisir la voie de l'excellence, une forme de « voie royale » qui construit des fondations solides pour, d'une part, réussir vos concours et, d'autre part, acquérir des connaissances dans différentes disciplines. Il est essentiel, au stade du choix de votre école de management, de repartir de cette décision initiale, de ce que vous ressentiez au moment de la prendre, afin d'en extraire de nouveau les fondements et de les passer au crible de ce qui a pu se produire depuis : des résultats académiques qui vous permettent d'envisager tel ou tel type d'école, une passion soudaine pour une discipline, une rencontre avec un professionnel qui vous a donné envie d'aller vers un secteur d'activité, etc.

• **Cheminement & Réalisations.** Vos années post-baccalauréat de préparation des concours sont riches de réussites et d'échecs, d'étonnements et de désillusions, de constats et de mises en perspective. Faites le bilan de tout ce qui a pu vous arriver et analysez comment vous êtes passé d'un point A à un point B (par exemple, si votre moyenne générale en mathématiques a progressé de 5 à 15). Répertoriez toutes les représentations que vous vous faisiez initialement d'une situation, d'une théorie, d'une idéologie, etc., au sujet desquelles vous avez cheminé jusqu'à plus ou moins changer d'avis ! Ce bilan est précieux, tel un diamant, car il nourrira votre quête de sens.

• **Sens.** « Beaucoup d'entre nous doivent démêler cette antienne chaque matin devant la glace : quel est le sens de votre vie ? Acquérir un renom ou jouir de la douceur ? Passer à la postérité ou passer du temps ? Être un anonyme heureux ou un Achille aux Enfers ? » Cette réflexion de Sylvain Tesson, dans *Un été avec Homère*, tout le monde se la fait un jour ou l'autre. Au moment des oraux, en vous déplaçant d'une école à l'autre, si vous vous en donnez la peine, vous pourrez mettre en adéquation ce que propose l'école avec ce qui fait sens pour vous et la suite de vos études. Il sera alors nécessaire de mobiliser les critères qui permettent de décrypter les business schools. En fonction de vos résultats d'admission, il vous reviendra de choisir celle qui répondra le mieux à vos projets : travailler dans un domaine spécifique, vous installer dans un pays à l'autre bout du monde, opter pour un double diplôme, vous engager dans une association, etc.

La dynamique circulaire du diamant

> **Vous pourrez mettre en adéquation ce que propose l'école avec ce qui fait sens pour vous et la suite de vos études.**

Cinq facettes vont nourrir votre quête de sens au cours du temps.

- **Histoire.** Il s'agit là de votre histoire avec un grand H, depuis votre lieu et moment de naissance : les grandes étapes de l'enfance, celles de l'adolescence, votre famille et vos proches, les endroits que vous avez habités, vos meilleurs souvenirs, vos malheurs, vos bonheurs, vos échecs, vos réussites, vos erreurs, etc. Puisez dans votre Histoire les éléments qui vous semblent incontournables. S'ils sont douloureux, il faudra peser « le pour et le contre » d'en parler ou pas si l'occasion se présente. Le plus important est de décider par vous-même des éléments que vous mettrez en récit lors de l'entretien. L'un des meilleurs exercices en la matière est de se raconter à soi-même son Histoire, en se regardant dans un miroir !
- **Valeurs.** Le travail de synthèse sur votre Histoire va vous aider à réaliser celui sur vos valeurs. Ce sont des principes ou des directions de vie qui guident vos actions et vous permettent de savoir vers où aller. Le thème de l'épreuve de culture générale peut tout à fait vous amener à mettre en avant, voire à approfondir, une valeur. Accomplissement, adaptabilité, aide, amitié, affirmation, amour, apprentissage, authenticité, autorité, bien-être... À partir d'une liste de valeurs, comme celle de Sylvie Bernard-Curie et Christophe Deval (➤ p. 31), tentez de les hiérarchiser, de les évaluer chacune en les notant de 1 (pas importante) à 3 (très importante). Vous pouvez

aussi dresser un top 10 des valeurs qui comptent pour vous, voire un top 5 de vos valeurs incontournables.

• **Personnalité.** Il s'agit de la dimension la plus délicate, entre « intimité » et « image que l'on donne de soi aux autres ». Sur ce plan, le principe n'est pas de faire de grandes révélations mais d'être, avant tout, honnête vis-à-vis de vous-même, quand vous décrirez les grands traits de votre personnalité. Répertorier vos forces et vos faiblesses peut être un préambule, mais il faudra le soumettre à un principe essentiel : une force peut être une faiblesse, et réciproquement ! Autre raccourci assez conventionnel : l'opposition introverti/extraverti. Attention, gardez à l'esprit qu'il est des gens relativement introvertis (par exemple, maladivement timides durant toute leur enfance) qui sont pourtant parfaitement capables de prononcer un discours devant plusieurs centaines de personnes !

• **Projets & Contraintes.** Les projets requièrent une dose de créativité qui s'exprime d'autant mieux sous contraintes (➤ chapitre 4). Vos projets peuvent être de différentes natures (professionnels, académiques, sportifs, culturels, etc.) et, pour les mener, vous pouvez être confronté à de plus ou moins fortes contraintes (personnelles, médicales, géographiques ou encore familiales). Passer en revue vos contraintes vous permettra d'affiner le choix de votre école, et pas seulement. En règle générale, le projet professionnel n'est pas indispensable au moment du concours d'entrée, mais certaines écoles y prêtent toutefois attention. Si c'est le cas, elles ne manqueront pas de l'indiquer dans la description du format de l'entretien.

Le nuage des 50 valeurs

Courage
Stimulation
Réalisation
Tradition
Persévérance
Sérénité
Autorité
Devoir
Gratitude
Fiabilité
Affirmation
Santé
Détermination
Justice
Liberté
Intimité
Accomplissement
Sagesse
Défi
Compétence
Respect
Authenticité
Influence
Sociabilité
Créativité
Amour
Adaptabilité
Médiation
Amitié
Bien-être
Aide
Bienveillance
Droiture
Ouverture d'esprit
Plaisir
Responsabilité
Apprentissage
Discipline
Esthétique
Changement
Curiosité
Générosité
Ingéniosité
Transmission
Collaboration
Indépendance
Culture
Nature
Humilité
Encouragement

À vous de jouer !

Afin de compléter votre travail de préparation à partir du « diamant de l'entretien », voici deux exercices qui vous permettront de vous exercer de manière ludique.

L'exercice des 3 couleurs

L'exercice des 3 couleurs est à faire seul ou avec des amis. Il vous permet de visualiser des traits saillants de votre personnalité.

La première étape consiste à essayer d'identifier trois couleurs qui vous sont chères mais selon la catégorisation suivante :

- votre couleur préférée : celle, omniprésente dans votre quotidien (vêtements, objets...), qui vous caractérise de manière profondément structurelle et invariable.
- votre couleur cachée : celle qui est si présente que vous avez tendance à ne pas la voir, attachée à des éléments importants de votre quotidien mais dans un registre plus intime et personnel. Potentiellement, vous la mobilisez pour qu'elle vous porte chance, et elle peut faire resurgir des souvenirs importants !
- votre couleur surprise : celle qui est ponctuellement présente quand vous avez envie de surprendre, de vous montrer autrement et de vous faire remarquer.

Une fois cette première étape effectuée, munissez-vous de trois feuilles blanches, une pour chacune des trois couleurs identifiées. Listez ensuite tous les mots qui vous viennent à l'esprit pour les trois couleurs. À ce stade,

vous pouvez faire des recherches sur la symbolique de ces couleurs – en lisant par exemple les ouvrages de Michel Pastoureau.

Enfin, dernière étape, complétez vos analyses en recoupant ceci avec vos valeurs, votre personnalité, vos projets, vos centres d'intérêt, etc. Par exemple, faites le lien entre vos cinq valeurs incontournables et votre couleur préférée.

En un seul mot

Un dernier exercice, parfois utilisé au début d'une épreuve d'entretien, consiste à vous présenter en deux ou trois minutes à partir d'un mot tiré au hasard. Vous pouvez le réaliser en travaux de groupe avec vos camarades de classe.

Il faut d'abord, pour cela, établir une liste d'une trentaine de mots (dont voici des exemples, si l'inspiration n'est pas au rendez-vous) : livre, peinture, musique, recette, cinéma, danse, fleur, design, entreprise, valeur, sentiment, ami, proverbe, enfance, ville, paysage, histoire, mode, publicité, crise, voyage, lumière, corruption, cause, argent, liberté, théâtre, richesse, poésie, photographie.

Faites ensuite un premier tri dans la liste ci-dessus en distinguant sur une feuille à l'aide de trois colonnes :

- les mots qui vous semblent évidents et faciles, dans la mesure où vous avez l'impression de pouvoir vous décrire de manière spontanée sans trop réfléchir ;

> **Sortez de vos propres “sentiers battus” et mettez en exergue votre singularité avec authenticité !**

- les mots qui vous paraissent complexes mais, en réfléchissant un peu, vous pouvez surmonter la difficulté ;
- les mots bloquants au point de ne pas vouloir ou pouvoir faire l'exercice. C'est avec ces mots que vous devez vous entraîner.

L'utilisation du mot dans votre présentation peut prendre différentes formes. Il n'est là que pour placer un point dans votre paysage. J'ai le souvenir d'un jeune homme qui, lors d'une session d'entraînement, avait tiré le mot « fleur » et n'en était pas ravi tant il le trouvait bloquant pour lui. Il a fini par faire sa présentation de manière remarquable en évoquant un moment important dans l'histoire de sa famille d'origine portugaise. Il s'agissait de la révolution des Œillets, à laquelle avaient participé ces grands-parents.

Gardez à l'esprit que cet exercice peut vous aider, quelle que soit la forme de l'entretien, à mobiliser des éléments auxquels vous ne penseriez pas spontanément.

Sortez de vos propres « sentiers battus » et mettez en exergue votre singularité avec authenticité ! C'est exactement ce que les écoles attendent de vous lors de l'entretien.

@ **Quel innovateur êtes-vous ?** : https://app.eplankton.eu/profil-innovateur

Témoignages

Inès
(emlyon)

“Je garde de bons souvenirs de cette période des oraux, même si certains se sont mieux passés que d'autres. Il n'en demeure pas moins que plus on connaît l'école, plus il est facile de justifier ses motivations. L'évolution du format de l'entretien dans certaines écoles a été bénéfique car cela permet de varier les façons de se présenter.”

Omar
(EDHEC)

“Je suis de nature assez à l'aise à l'oral mais parler de soi reste un exercice difficile. Pour moi, la base, c'est de bien connaître ses valeurs et de faire le tri entre ce que l'on a envie de dire ou pas. J'ai pu me sentir déstabilisé lors de certains entretiens, mais je m'en suis sorti car j'étais bien au clair avec moi-même. C'est pour cela que l'on nous conseille "d'être authentique". C'est sûrement le meilleur conseil à mes yeux !”

S'ENGAGER DANS LA VIE ASSOCIATIVE

Comprendre l'environnement de l'engagement associatif, ses atouts, ses limites et ses contraintes

RACHEL BEAUJOLIN
Professeure de management à NEOMA

ISABELLE CHEVALIER
Directrice du département « Talent & Carrière » de NEOMA

CHAPITRE 2

L'engagement associatif s'inscrit dans un parcours qui se construit souvent pas à pas. Vous aurez l'opportunité de participer à la vie associative, puis d'y prendre des responsabilités. Au-delà du fait de vous sentir utile, cette expérience vous permettra de mener des missions qui vous tiennent à cœur, de nouer des liens d'amitié solides, de développer vos compétences, d'enrichir votre CV et d'affiner votre projet professionnel en vous rendant compte de l'épanouissement que vous apporte telle ou telle tâche tout au long de votre mandat.

Le cheminement dans l'engagement associatif

L'arrivée à l'école et la découverte des associations

En arrivant en école de commerce, votre soif de vivre la vie étudiante ne va pas se résumer à la participation aux cours. D'autres nouveautés vous attendent : prendre part à des événements collectifs, vous socialiser, découvrir une vie indépendante (souvent nouvelle). Un des rituels forts, qui marquera votre entrée dans la vie étudiante, est le moment où vous serez accueilli sur le campus. Cet instant précis, comme les premières semaines, sont des occasions incontournables de socialisation, dont vous garderez de bons souvenirs. Si vous venez de passer deux années en classe préparatoire, vous allez avoir le sentiment que le monde s'ouvre à vous, après de longs mois focalisé sur le travail scolaire et les concours : plus de temps pour vous, pour aller à la rencontre de potentiels amis, pour vivre vos passions, ou pour en découvrir.

L'offre associative, souvent importante et diversifiée, est justement une opportunité à saisir pour se réaliser soi-même, avec les autres. Pour certains d'entre vous, elle viendra combler une sorte de vide laissé par un rythme et des contraintes scolaires moins exigeants qu'en classe préparatoire ; pour d'autres, elle permettra de renouer avec des passions ou des engagements qui ont pu être délaissés au moment de la préparation des concours.

Lors du premier semestre, les étudiants qui animent la vie associative viendront à votre rencontre pour vous présenter leurs activités, et pour vous donner envie de les rejoindre. La palette des possibles est large : la vie étudiante (par exemple, le Bureau des élèves) ; les engagements sociétaux et humanitaires (sur des thématiques telles que la lutte contre la pauvreté, l'intégration sociale, la lutte contre les discriminations, le développement durable...) ; les arts et le multimédia (Bureau des arts ou autre association focalisée sur des arts ou des domaines particuliers tels que la danse, le cinéma, le théâtre, la radio, la photo, la mode, les jeux vidéo...) ; les sports (Bureau des sports ou autre association portant sur un sport en particulier, la voile, le ski, les sports extrêmes...) ; le business et l'entrepreneuriat (Junior Entreprise, club finance, club d'entrepreneuriat...) ; les associations

tournées vers l'international (Association internationale des étudiants en sciences économiques et commerciales (AIESEC), Bureau de l'international...). Certaines associations relèvent de fédérations nationales (la CNJE, la fédération Genius, Cheer Up...), voire de regroupements internationaux (ENACTUS, He For She, Oïkos...) ; d'autres ne s'inscrivent pas dans un réseau structuré mais ont des homologues dans plusieurs écoles (associations réalisant un City Guide, associations d'éloquence...) ; d'autres, enfin, ont émergé localement et sont liées à un projet spécifique.

Les étudiants en place mettent beaucoup de soin et d'énergie à préparer cet accueil et cette présentation qui vous sera faite, et pour cause : pour faire vivre la communauté étudiante, il y va de leur capacité à tisser des liens entre les promotions, à renouveler les forces vives des associations (afin qu'elles fonctionnent et se développent), voire à recueillir les cotisations qui les feront subsister. De votre côté, en tant que nouvel arrivant, votre agenda des mois de septembre et octobre va se remplir très vite d'invitations et de sollicitations multiples : de quoi virevolter d'une association à l'autre !

Les modalités de sélection : entre campagnes et processus de recrutement

Assez rapidement, la préparation de la relève s'organise. Pour les associations de type « bureaux » (BDE, BDA, BDS...) – des structures communes à toutes les écoles avec des rouages bien établis –, le recrutement suit un processus qui aboutit généralement au vote de l'ensemble des étudiants, quand le principe des campagnes existe toujours : les étudiants en première année motivés par ce défi se regroupent entre amis (souvent fraîchement rencontrés) pour constituer une liste qui s'engage dans la campagne. Les « listeux » construisent donc leur liste (avec une répartition des fonctions : président, vice-président, trésorier, secrétaire général, responsable de pôle, etc.), leur identité (nom, logo, apposés sur des polos ou floqués sur des sweats...) et leur programme. Ils partent ensuite à la recherche de sponsors, puis organisent des événements afin de promouvoir leur action auprès de tous.

Monter une liste et la porter jusqu'aux élections est une aventure en soi, mais aussi une occasion de tisser des liens forts avec ses co-listiers. Bien sûr, le principe de l'élection produit des gagnants et des perdants, avec son lot d'euphorie ou de déception.

Les associations qui n'ont pas recours à processus électif initient, de façon plus ou moins formalisée, des actions pour recruter des bénévoles. Cela peut démarrer dès fin octobre-début novembre. Les associations relevant de fédérations reposent souvent sur des processus établis : c'est le cas des Junior Entreprises, qui mettent en œuvre des épreuves de sélection écrites, puis orales. Certaines associations ont besoin d'un nombre important de membres actifs pour pouvoir conduire leurs activités, et c'est dans ce cas une grande campagne de recrutement qui s'organise.

L'engagement dans des responsabilités

> **Le sentiment de fierté du travail accompli viendra du fait que vous aurez mené à bien votre projet.**

Chaque élu dans la vie associative exerce des responsabilités, de sa prise de fonction à la fin de son mandat. Vous êtes président, vice-président ? À vous la gestion de projet, le management d'équipe, le recrutement de membres, la gestion des conflits, les budgets à tenir, les échanges avec les clients et les fournisseurs, l'organisation de la logistique des événements et de la sécurité des participants, les actions de communications à développer… Il vous faudra réunir les conditions pour garder le cap de votre projet quels que soient les aléas, voire les crises rencontrées. Et ce d'autant plus pour les présidents et les trésoriers, pour qui la notion de responsabilité s'entend aux sens civil et pénal.

Tous les étudiants passés par là en témoignent : le travail du mandat n'est pas le même que celui de la construction de la liste lors d'une campagne ou de la préparation de celle-ci. Il faut être au rendez-vous des événements annoncés, faire avancer les résultats et tenir ses engagements. De façon très visible, la vie associative donne lieu à des événements qui rassemblent un nombre important d'étudiants ; de façon moins visible, cela passe par un travail quotidien de gestion, qui implique beaucoup de polyvalence et comprend parfois des tâches ingrates.

Le sentiment de fierté du travail accompli viendra du fait que vous aurez mené à bien votre projet. Vous aurez par exemple organisé un événement majeur – une compétition, un festival, des conférences, un rallye, un gala, un salon, une représentation artistique… – qui restera dans les mémoires. L'esprit de compétition n'est pas étranger à ce sentiment de fierté individuelle et collective quand il s'agit en même temps de remporter un trophée ou un prix pour son école ; l'émulation est en tout cas un des moteurs pour déployer des trésors de créativité !

La transmission

Le temps du mandat, d'une durée d'un an, passe généralement très vite, et avant même de l'avoir achevé, il s'agit d'anticiper le renouvellement, d'organiser la transmission et la passation à l'équipe suivante, dans une logique de continuité et de développement à moyen terme de l'association. Cette transmission se passe plus ou moins bien, selon la façon dont elle est gérée par l'équipe. Quoi qu'il en soit, la mission des titulaires d'un mandat s'achève au moment de cette passation des pouvoirs.

S'engager dans la vie associative, un tremplin

Un incubateur de compétences managériales

Tous les étudiants s'étant engagés dans la vie associative en témoignent et vous aurez l'occasion de vous en rendre compte vous-même : cette expérience est un formidable « incubateur de développement personnel », et en particulier de développement de compétences managériales, avec la part de conflits que cela peut comporter.

D'une façon générale, il vous sera difficile, du moins au début, de prendre toute la mesure du poids de la responsabilité qui vous incombe, mais dès que vous serez plongé dans le grand bain de la vie associative, vous allez devoir vous y adapter ! Les défis sont nombreux : gagner en rigueur et en organisation, trouver les bons interlocuteurs et récolter de bons conseils, incarner votre nouveau rôle et exercer votre fonction du mieux possible. Cette expérience vous poussera à prendre des initiatives, à résoudre de nouveaux problèmes, à occuper une posture managériale, à conserver la dynamique d'équipe initiale, bref à devenir un réel couteau suisse.

Les Junior Entreprises sont certainement les associations qui vont le plus loin dans la logique de professionnalisation : elles fonctionnent comme de "vraies entreprises".

Les Junior Entreprises sont certainement les associations qui vont le plus loin dans la logique de professionnalisation : elles fonctionnent comme de « vraies entreprises », avec des clients, des prestations de services assujetties à la TVA, ou encore une fiscalité relevant de l'impôt sur les sociétés. Le but d'une Junior Entreprise, c'est d'imiter un cabinet conseil et de transposer toutes ses règles à l'échelle étudiante. Conduire des études pour des clients sera le cœur de métier de ceux qui rejoindront cette structure. Ils apprendront en situation réelle, tout en restant étudiants.

Pour tous, être confronté à l'exercice des responsabilités comporte ses bonnes et ses mauvaises surprises : certains pourront se brûler les

S'engager est donc une formidable occasion d'apprendre de manière empirique et d'expérimenter ce que vous aborderez de façon plus conceptuelle en cours.

ailes et devront prendre conscience de leurs limites ; d'autres se retrouveront confrontés à une réalité qui ne correspond pas au mythe du leader qu'ils avaient en tête ; quelques-uns se révéleront au-delà de ce qu'ils avaient imaginé. En tout cas, c'est une expérience au cours de laquelle vous apprendrez immanquablement à vous connaître, en même temps que vous découvrirez les bonheurs et les malheurs des dynamiques de groupe. Vous vous confronterez au regard des autres, et à votre propre regard, dans des situations inédites.

S'engager est donc une formidable occasion d'apprendre de manière empirique et d'expérimenter ce que vous aborderez de façon plus conceptuelle en cours. Réussir à faire le lien entre les méthodes, les concepts appris à l'école et les pratiques déployées en situation concrète de la vie associative, et ce dans l'ensemble des domaines de la gestion, vous permettra de développer des compétences dans l'action. C'est aussi bénéfique pour être en mesure d'instaurer un réel travail d'équipe pour les travaux de groupe en classe.

Mais encore faut-il savoir prendre du temps et de la distance pour pouvoir établir ces liens entre ce que l'on vit et ce que l'on apprend, et pour tirer les enseignements de ses erreurs, car bien sûr elles font aussi partie de l'expérience. C'est pourquoi certaines écoles ont développé des parcours spécifiques pour les étudiants engagés dans la vie associative, avec des intervenants dédiés et parfois l'octroi de crédits académiques récompensant des travaux qui portent justement sur cette expérience.

Un accélérateur de socialisation

L'expérience de la vie associative en business school est un extraordinaire accélérateur de socialisation. En s'engageant à plusieurs, en vivant ensemble des moments intenses, vous vous ferez, c'est certain, des « amis pour la vie ». Intégrer une association, cela peut même signifier faire partie d'une famille... avec ses avantages et ses inconvénients ! Une famille que chacun choisit, qui peut constituer un soutien important pour tous, et notamment ceux qui vivent loin des leurs.

Avec l'engagement associatif, cette socialisation s'étend au-delà du cercle amical. Vous tisserez sans doute aussi des liens avec les responsables de l'école, des chefs d'entreprise, voire d'anciens étudiants. Occuper des responsabilités associatives ouvre la porte à des connexions directes avec « l'administration » (directeurs de programmes, directeurs de l'école), à la fois parce que la vie associative nécessite un encadrement (respect de règles et application de chartes), mais aussi parce qu'en tant que responsable d'association, vous serez une figure de l'école. Vous y aurez des relais, vous jouerez de fait un rôle d'ambassadeur de votre école. Cette soif de visibilité interne et externe peut d'ailleurs constituer une des motivations pour tenter de se faire élire à un poste à responsabilités dans une association. En tant que membre actif d'une association, les occasions d'être sur scène, de se faire remarquer par ses pairs et d'autres parties prenantes comme des entreprises partenaires seront nombreuses.

D'une façon générale, vous comprendrez bien vite l'enjeu de se constituer un réseau : il faut des alliés pour être élu, des contacts professionnels pour trouver des sponsors qui apporteront des moyens de financer les projets.

Un facteur d'employabilité

Les étudiants ayant exercé des responsabilités associatives sont unanimes : cela constitue un facteur distinctif lors des futures recherches de stage ou d'emploi. D'une part, parce que cette expérience permet d'attester, lors d'entretiens par exemple, d'un exercice réel de responsabilités. D'autre part, parce qu'au long de votre mandat vous nouerez des contacts privilégiés avec des responsables d'entreprise.

Ces deux ingrédients sont des facteurs d'employabilité, donc de choix. Vous n'en aurez pas forcément conscience quand vous serez plongé dans la vie associative, mais tous ceux qui sont passés par là avant vous l'affirment : ce type d'engagement différencie le CV et attire l'attention des employeurs.

Les contraintes et les exigences de l'engagement

Charge de travail, charge mentale : enjeux de conciliation

Un des risques de l'engagement dans la vie associative, a fortiori quand on y occupe des responsabilités, est de se faire happer par le rythme des activités et la densité des sollicitations : les urgences s'accumulent, les mails et les notifications aussi. Pas simple de faire le tri, de prioriser et de prendre du temps pour soi. L'enjeu de conciliation entre l'association, les cours, les amis et la famille, ainsi que les loisirs est un défi en soi. Et à la différence d'une expérience en entreprise, vie professionnelle et vie personnelle ne sont pas séparées, ce qui ne simplifie pas l'organisation.

L'engagement dans la vie associative différencie le CV et attire l'attention des employeurs.

Certains d'entre vous vont vivre l'expérience de façon totale : « vivre asso, manger asso, respirer asso... ». Et souvent, la vie personnelle sera de fait très réduite, surtout pour un membre du bureau. Attention à ne pas délaisser les cours et les évaluations académiques, ce qui pourrait s'avérer très pénalisant. Dès lors, il s'agira de veiller à conserver un équilibre, et c'est pour cette raison que certaines écoles proposent des aménagements à ceux qui s'engagent dans la vie associative. Ils peuvent, par exemple, prendre la forme d'un temps de cours réduit pendant l'année de mandat (la plupart du temps, l'année de M1), ou d'une expérience associative validée comme un stage.

Cet enjeu de conciliation se pose en termes de charge de travail et d'allocation du temps, mais aussi de charge mentale liée à l'exercice des responsabilités : à nouveau, l'expérience associative est apprenante, mais pour que tout se passe bien, il s'agit de veiller à réguler cette double charge, pour éviter le risque de surchauffe. Conscientes de cela, de nombreuses écoles dédient des équipes au soutien des étudiants et de leurs activités.

Manager des bénévoles, et souvent des amis

Si l'engagement dans des responsabilités associatives est une expérience de management d'équipe, elle comporte des spécificités : les membres de votre future association seront très certainement aussi vos amis, ils auront le même âge que vous et seront bénévoles (donc non rémunérés). Et quand ces amis et/ou bénévoles ne sont pas au rendez-vous de leurs engagements, voire se comportent en « passagers clandestins », il est difficile de trouver les ressorts pour les motiver, pour les remobiliser.

Nouer des liens autour d'un projet commun, souvent festif, est une chose ; faire face, ensemble, à la gestion quotidienne d'une association, avec ses épreuves et ses aléas, en est une autre. Et cela se complique quand, par exemple, deux membres sont en conflit à cause d'un accroc lors d'un événement, et qu'ils n'ont d'autre choix que de se retrouver le soir car ils sont en colocation. De tels exemples sont très fréquents, engendrant parfois des dialogues de sourds, les uns pestant contre le manque de professionnalisme des autres, tandis que ces derniers ne voient pas où est le problème. Pour le coup, la « famille » peut être bien lourde à porter et il faut savoir jongler entre la préservation des liens amicaux d'un côté et les exigences de performance de l'autre.

Si ces situations sont complexes et apprenantes, elles impliquent, pour le responsable associatif que vous serez peut-être, de travailler sur votre posture et sur la nature de l'exercice de votre rôle managérial. Le cloisonnement des registres entre « perso » et « pro » est peut-être plus clair dans le cas des Junior Entreprises. Elles mettent en place des processus de recrutement qui s'appuient sur des critères objectifs et limitent de ce fait le « copinage » dans la constitution des équipes.

Par ailleurs, engagé dans la vie associative, vous aurez l'opportunité de travailler en étroite collaboration avec les représentants des écoles et des programmes. Cela peut aussi vous placer quelque peu « entre le marteau et l'enclume » : par exemple, entre des volontés de changement de pratiques portées par l'école et auxquelles vous serez associé, et des doléances, voire des résistances, de la communauté étudiante. Cela ressemble fort à une situation de management intermédiaire, avec cette difficulté à faire le lien entre des exigences différentes.

Dérives, poids des traditions… la difficile émancipation

Si la vie associative est un formidable terrain d'expérimentations, d'aventures humaines et d'innovations (y compris sociétales), elle est aussi le terreau de dérives collectives et de pratiques inacceptables qui peuvent, par exemple, s'assimiler à du bizutage ou à d'autres formes d'humiliation. Bien souvent, quand de telles pratiques sont découvertes, les étudiants arguent du poids des traditions (« ça a toujours été ainsi »), et ce quand bien même ils ont été clairement mis en garde sur le caractère interdit et inacceptable de telles pratiques. Ils peuvent même être les premiers à s'ériger contre elles, et finalement, ne pas parvenir à les empêcher quand elles sont initiées. Il faut dire que la pression des pairs, et notamment des aînés, peut être très forte.

Lors des week-ends d'intégration, la pression sociale est intense, ces rites constituant à la fois un levier puissant de socialisation, mais aussi

Il convient d'entrer dans un certain moule, tout en conservant ses distances afin de garder une vision inclusive de l'engagement associatif.

une opportunité de positionnement, en particulier pour constituer les équipes qui prendront le relais des étudiants occupant les mandats associatifs. Autrement dit, il convient d'entrer dans un certain moule, tout en conservant ses distances afin de garder une vision inclusive de l'engagement associatif. Cela vous mènera à en décevoir certains. Le chemin vers l'émancipation est semé d'embûches, et nécessite a minima de (bien) s'entourer et d'apprendre à résister.

En conclusion, si vous deviez ne retenir qu'un seul conseil, ce serait celui-là : « Lancez-vous ! » La vie associative est une aventure dans laquelle s'embarquer réserve son lot de surprises et d'accomplissement. Trois prérequis sont à bien respecter pour en faire une expérience réjouissante et enrichissante : veillez à ce que les conditions soient réunies pour que cela soit réellement formateur pour vous, prenez garde à ne pas vous disperser, et prenez soin d'entretenir régulièrement des espaces bienveillants de dialogue et de discussion.

@ Tout savoir sur les Junior-Entreprises : www.junior-entreprises.com

Témoignage

Lucie
(Consultante, ancienne trésorière d'ALTEO)

“Ce que j'ai surtout appris, au cours de mon mandat, relève de compétences managériales : recruter, former, accompagner, transmettre, gérer une équipe... Je m'étais dit que l'asso allait être comme un stage, mais en fait non. En stage, on me disait ce que je devais faire ; là, je devais décider moi-même quoi faire. Pour rechercher mon stage de césure, j'ai mobilisé les contacts que je m'étais faits pendant mon mandat, j'ai eu des entretiens avec presque tous ; pendant les entretiens, on a passé 80 % du temps à parler de mes expériences associatives. En fait, j'avais rencontré toutes les situations de management et ça venait fonder toutes mes argumentations. On me disait souvent : "Rappelez-moi votre âge... Tout cela à 22 ans ?" C'est fascinant comme cela ouvre des portes.”

PARCOURIR LE MONDE

Maîtriser les tenants et les aboutissants de son expérience à l'étranger pour en profiter pleinement

JORDANE PEDRON

Directeur de la formation continue à Rennes SB

ÉLODIE SAINT-YVES

Responsable de la mobilité internationale à Rennes SB

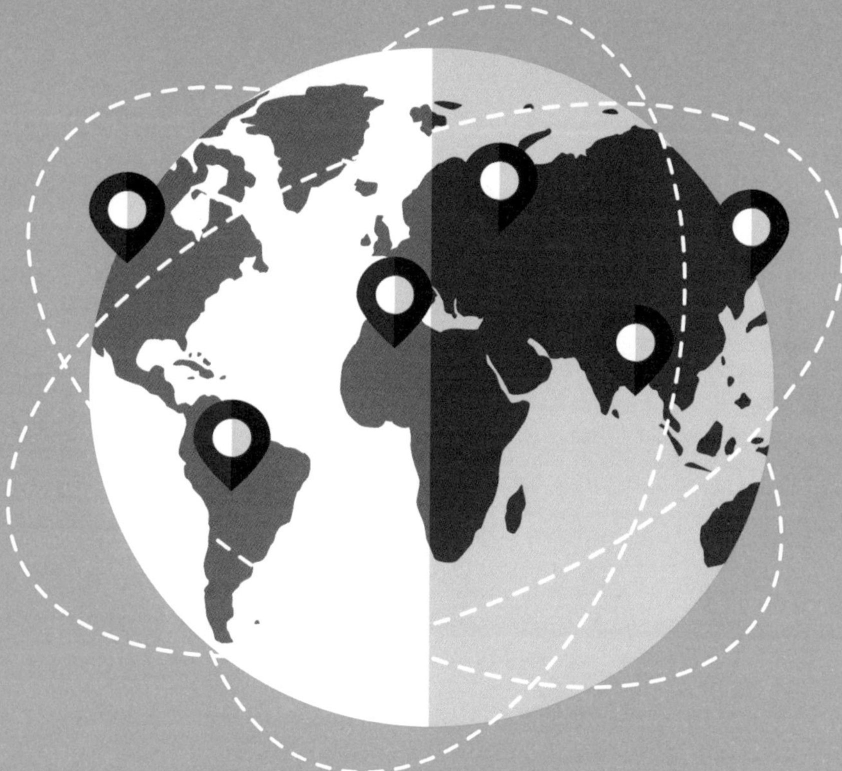

CHAPITRE 3

Plus de 222 millions d'étudiants sont inscrits dans un cycle d'éducation supérieur dans le monde, mais seuls cinq millions d'entre eux effectuent une mobilité à l'étranger pendant leur cursus. Malgré une tendance à la hausse, cette mobilité reste un critère distinctif majeur sur le CV d'un jeune professionnel et constitue une étape de vie singulière sur le plan personnel.

Actuellement, en France, seul un étudiant sur trois part au cours de son cursus, mais en école de commerce ou d'ingénieurs, ce sont 81 % des étudiants qui se confrontent à l'expatriation lors d'un stage ou d'un séjour académique ; et parmi eux, un étudiant sur sept commence sa carrière à l'étranger.

Face à la complexité de la mondialisation, les entreprises sont en quête de profils multiculturels, agiles, capables de s'adapter rapidement, des compétences clés souvent acquises lors d'une expérience académique réussie dans un autre pays.

Les écoles de management ont depuis longtemps pris le virage de la globalisation en proposant une offre de cours partiellement ou intégralement en anglais, un corps professoral international, des cursus facilitant l'intégration d'étudiants étrangers ou le départ d'étudiants français.

Échanges, doubles diplômes, stages hors France, universités d'été... elles ne manquent pas d'imagination pour vous permettre de parcourir le monde et vous faire vivre une expérience unique.

Pourquoi internationaliser son parcours ?

Écouter l'appel du large

Quel établissement supérieur ne propose pas son cursus à l'étranger ? Autrefois porté par l'université et quelques grandes écoles, le programme de mobilité internationale le plus prisé, Erasmus (European Action Scheme for the Mobility of University Students), concerne aujourd'hui plus de 100 000 Français par an et contribue à faire de la France la cinquième terre d'accueil des étudiants étrangers au monde (358 000 en 2019).

Ce programme visionnaire lancé en 1987 permettait d'effectuer une mobilité étudiante pendant une période pouvant aller de trois mois à un an. À sa création, Erasmus comptait onze pays participants. Trente-trois sont désormais partenaires du programme. L'élargissement du dispositif à d'autres pays, le processus de Bologne d'harmonisation des programmes en 1998 et la démocratisation du transport aérien ont contribué à généraliser l'expatriation universitaire à l'étranger.

Erasmus n'est pas le seul dispositif le permettant. Il existe une multitude d'accords bilatéraux entre établissements vous ouvrant largement le choix de destinations et les modalités de départs. Jamais le monde n'a été aussi préparé à accueillir des étudiants de tous horizons et à gérer autant de diversité.

D'après une étude réalisée en 2016 par BVA pour Campus France auprès d'étudiants français, 83 % d'entre eux invoquent l'envie de voyager et de découvrir d'autres cultures comme raison principale de partir en échange académique. Bien avant la volonté de perfectionner sa maîtrise de la langue du pays d'accueil ou de devenir plus compétitif sur le marché de l'emploi. Toutefois, si l'internationalisation d'un parcours de formation est prisée par les aventuriers en quête d'une meilleure connaissance de soi, elle est aujourd'hui quasi indispensable pour ceux qui veulent travailler dans des entreprises mondiales.

Élargir son réseau

Dans un monde qui change à la vitesse de propagation d'un tweet, les entreprises se doivent d'être agiles. S'adapter à des univers complexes est la clé pour réussir dans les affaires. Elles ont pour cela besoin de collaborateurs compétents et expérimentés. S'expatrier durant ses études, c'est aussi travailler sa capacité d'adaptation et de maîtrise d'un monde culturellement éloigné de ce que l'on connaît. Ces *softs skills* (ou compétences comportementales) sont précieuses pour évoluer dans un marché de l'emploi où la progression de carrière est maintenant exogène.

Par ailleurs, au-delà des compétences, il existe un retour plus « immédiat » : le développement d'un réseau personnel et professionnel à l'international qui vous servira à coup sûr lors de vos études et, plus tard, une fois en poste. On estime à 70 % le marché de l'emploi « caché » en France, c'est-à-dire ne donnant pas lieu à la publication d'une annonce.

Il en va globalement de même à l'étranger. Disposer d'un réseau personnel et professionnel solide et varié dans une région du monde est donc une source d'opportunités pour trouver un stage ou un emploi à l'issue d'un échange académique. Pour cela, il faut mettre à profit le temps passé sur place et tirer parti des rencontres formelles et informelles.

Par exemple, en intégrant une communauté française à l'étranger, vous pourriez rencontrer le manager français d'un grand groupe international plus facilement que dans l'hexagone. Notre réseau diplomatique étant l'un des plus développés au monde (derrière les réseaux américains et chinois), il peut également vous être utile pour mieux comprendre l'environnement socio-économique qui vous entoure, vous conseiller dans votre recherche et faciliter la mise en relation avec de potentiels recruteurs. Le site de l'ambassade du pays hôte et Business France, l'agence chargée du développement international des entreprises françaises, vous donneront les premiers contacts. N'hésitez pas à leur écrire et à les rencontrer.

Dans la catégorie des rencontres plus « informelles », participer aux fêtes données à l'université, rencontrer les amis et les parents de vos camarades locaux, parler avec vos professeurs sont autant d'opportunités importantes à ne pas manquer. Qui sait, cela aidera peut-être à décrocher le job de vos rêves !

Vous pourrez ainsi faire partie des 200 000 personnes qui s'expatrient chaque année pour travailler à l'étranger et rejoindre les 2,5 millions de Français vivant hors de France. Ne vous interdisez pas de multiplier les contacts avec vos compatriotes sous prétexte de vivre une expérience internationale pleine et entière ; l'éloignement « rapproche » et peut servir votre épanouissement personnel.

Attention, les expatriés français ont la réputation d'être hautains. Cela ne doit pas vous freiner dans vos rapports avec la communauté locale. Il faut savoir dépasser ses idées reçues pour donner la priorité à la rencontre et à l'élargissement de son réseau !

Maîtriser une langue, c'est aussi améliorer son employabilité.

Pratiquer et maîtriser des langues étrangères

Acquérir la maîtrise d'une ou de plusieurs langues, ainsi que les codes culturels associés, est une des raisons qui motivent un départ à l'étranger. Maîtriser une langue, c'est aussi améliorer son employabilité. En effet, beaucoup d'entreprises exigent aujourd'hui un test de langue officiel sur un CV (au lieu d'une évaluation personnelle souvent éloignée du niveau réel du candidat). Plusieurs tests officiels existent (TOEIC, TOEFL, IELTS, CAMBRIDGE...). En mettant en avant un score sur votre CV, vous donnerez une idée précise de votre niveau à votre interlocuteur.

Le Conseil de l'Europe a par ailleurs mis en place une échelle d'évaluation de langues, le Cadre européen commun de référence pour les langues (CECRL), qui classe en six niveaux la pratique de la langue donnée, de quoi indiquer un premier niveau de connaissance sur un CV. N'hésitez pas à vous auto-évaluer pour mesurer votre marge de progression possible.

Enrichir son parcours académique

Il y a plusieurs façons de construire son parcours à l'international. Certaines écoles exigent un semestre académique effectué à l'étranger alors que d'autres se contentent d'un stage hors de France pour valider leur diplôme. Il en va de même des conditions de réalisation de la mobilité, très variables en fonction des écoles. Certaines proposent d'effectuer une mobilité dans l'un de leurs campus à l'international, alors que d'autres invitent leurs étudiants à passer un semestre d'échange académique ou une année dans un établissement partenaire, avec ou sans double diplôme à la clé.

Le foisonnement de l'offre de départ à l'étranger dans les business schools permet de choisir parmi un nombre croissant de destinations. Étudier ou travailler à l'étranger, c'est aussi bâtir un CV cohérent en fonction de ses aspirations professionnelles, en optant pour telle ou telle spécialité offerte dans une université partenaire ou pour une expérience en entreprise. Un passionné de finance saura trouver un complément intéressant sur son CV dans les universités situées dans les plus grandes places financières d'Asie, d'Europe ou des États-Unis. Un entrepreneur 3.0 rêvera, quant à lui, d'un échange ou d'un stage dans une des prestigieuses universités ou entreprises de la Silicon Valley.

La plupart des écoles présentent leurs partenaires au travers de leurs points forts, de leurs spécialités et de leur complémentarité avec votre cursus principal. N'hésitez pas à franchir les bureaux des services dédiés à la mobilité étudiante pour vérifier la cohérence de vos choix.

Gardez aussi à l'esprit que les pratiques pédagogiques varient selon les pays. S'il est accepté aux États-Unis que le professeur soit l'animateur d'un cours dont le contenu est apporté par les élèves, en Chine l'enseignant reste maître du contenu. Il en va de même de la répartition des cours collectifs (en classe ou en groupe) et des sessions d'enseignement individuelles via des *office hours*. Ce sont des heures obligatoires réservées pour les rencontres professeurs-étudiants deux à trois fois par semaine tout au long de l'année, une pratique très anglo-saxonne. Par ailleurs, il est fréquent aujourd'hui que les cours soient préparés en amont (avant le travail en classe) sous forme de *pre-reading* à étudier chez soi.

Les pièges à éviter

Le fantasme de l'« auberge espagnole »

L'expérience internationale est toujours présentée sous un angle résolument positif, à la fois par les écoles et par ceux qui témoignent de cette aventure, mais il arrive que la réalité soit bien différente.

Tout d'abord, votre destination ne sera peut-être pas celle dont vous avez toujours rêvé. À cause de résultats académiques insuffisants, ou parce que vous souhaiterez aller où tout le monde veut aller, vous devrez peut-être faire un choix par défaut. Après la déception, il faudra réinventer votre projet et y trouver du sens.

Dans une grande ville, une grande université, on peut avoir le sentiment de ne pas être attendu. L'anonymat renforce la difficulté de trouver ses repères. Dans un environnement plus réduit, au contraire, on peut ressentir

Une expatriation est rarement idéale en tous points : il faut capitaliser sur le positif et mesurer sa capacité à s'adapter, à apprendre et à évoluer.

une sorte d'étouffement, l'impression de ne pas pouvoir faire autant de choses que d'habitude.

De plus, si vous réalisez votre échange ou votre stage dans un lieu où le confort n'est pas celui auquel vous êtes habitué, l'adaptation peut s'avérer difficile. Dormir dans des dortoirs vétustes, partager sa chambre avec deux ou trois inconnus pendant plusieurs mois (parfois des colocataires aux habitudes et aux mœurs très différents) ou encore s'habituer à la nourriture locale font parfois partie de l'expérience mais peuvent représenter de véritables défis au quotidien.

Le contact avec les autres étudiants et les enseignants n'est pas toujours aussi évident qu'escompté : on peut être le seul étudiant international dans un environnement très local ou, à l'inverse, être noyé dans un large groupe de Français. Chaque configuration présente des avantages et des inconvénients.

Choisir une université prestigieuse ou un système éducatif reconnu est synonyme d'investissement important en matière de quantité de travail. Certains privilégieront des destinations compatibles avec de nombreuses visites touristiques, mais ils ne pourront pas forcément en profiter si la charge de travail est élevée.

Une expatriation est rarement idéale en tous points : il faut capitaliser sur le positif et mesurer sa capacité à s'adapter, à apprendre et à évoluer.

Si les témoignages des étudiants à leur retour sont si enthousiastes, c'est généralement parce qu'ils ont dompté avec succès les petits désagréments au profit des aspects positifs.

Le jargon

Le langage de l'étudiant en mobilité est truffé d'abréviations en tout genre et d'acronymes parfois compliqués à déchiffrer. « Je pars faire mon "échange Erasmus", j'ai été prise pour le "double diplôme" à Berkeley, il faut que je récupère mon "transcript" pour l'école… » Dans quelque temps, ces termes de l'univers académique vous seront familiers. En attendant, en voici quelques-uns décryptés :

- Crédits ECTS (Europe), CATS (Royaume-Uni) et US credits (États-Unis, Asie, Amérique latine) : unité de mesure qui permet aux universités de comptabiliser les cours obtenus à l'étranger pour l'obtention de votre diplôme.
- Double diplôme : un diplôme dans l'université hôte, un autre dans l'université d'origine.
- *Short programmes* ou *summer courses* : programmes de courte durée portant sur des sujets spécifiques, souvent organisés l'été, avec ou sans crédits à la clé.
- *Learning agreement* : contrat académique passé entre l'étudiant, l'université partenaire et l'université d'origine ; il détermine les cours que vous pourrez prendre pour être diplômé.

– *Orientation week* : semaine d'accueil (obligatoire ou très fortement recommandée) organisée par l'université partenaire qui permet de découvrir le campus, les obligations administratives du pays et quelques informations culturelles.
– *Application form* : dossier de candidature pour l'université partenaire. À l'issue de ce processus, vous recevrez une lettre d'acceptation qui valide officiellement votre inscription.

Pour continuer la découverte de ce nouveau champ lexical, il est possible de prendre contact avec les ambassadeurs Erasmus.

Les lourds aspects administratifs

Même si votre école entretient des liens étroits avec l'université (ou l'entreprise) qui va vous accueillir, et si elle vous accompagne tout au long du processus, vous devez postuler auprès de l'université partenaire (ou de l'entreprise) et lui fournir tous les éléments nécessaires à votre inscription définitive. Il faudra dans un second temps que les deux établissements valident votre choix de cours ou vos missions de stage. Pour ne rien oublier, l'essentiel est de suivre les conseils du service de relations internationales de votre business school et de respecter les délais qui vous seront donnés !

D'une manière plus globale, pour partir en dehors de l'Europe, le passeport est le premier sésame ; il faut s'assurer qu'il soit valide pour la totalité du séjour (parfois plus longtemps), puis demander un visa auprès du consulat concerné pour les séjours hors Europe de plus de trois mois. Si vous envisagez de conduire à l'étranger, il peut être utile de se munir d'un permis international.

Pour certaines destinations, des bourses sont disponibles ; il faut candidater pour pouvoir en bénéficier. Les bourses Erasmus+ (majoritairement pour les destinations européennes), tout comme les bourses régionales, sont gérées directement par l'établissement d'origine, contrairement à d'autres aides (mairie d'origine par exemple) qui sont à rechercher par soi-même, bien en amont du départ. La préparation passe également par la souscription à certaines assurances : une couverture santé, une responsabilité civile et une assurance rapatriement, a minima.

Afin d'éviter des situations peu confortables, il faut vérifier auprès de votre banque les possibilités de paiement à l'étranger, l'intérêt ou non d'ouvrir un compte sur place pendant votre séjour et la compatibilité de votre forfait téléphone avec votre pays d'accueil.

L'inscription sur la plateforme Ariane permet au ministère des Affaires étrangères de suivre les Français à l'étranger. En cas de force majeure, comme ce fut le cas pour le Covid-19, il est important de savoir où se trouvent les ressortissants français. Certains pays imposent aussi un signalement auprès de leurs autorités à l'arrivée.

L'entre-soi

Dans les écoles de management, l'expatriation est un *must*, car l'expérience a prouvé depuis de nombreuses années sa contribution à l'acquisition de *soft skills*. En revanche, il est fréquent que les étudiants partent par groupes, notamment grâce aux campus délocalisés proposés par un

Pour tirer le maximum de cette étape de votre parcours, il est nécessaire d'être l'acteur de votre échange et de ne pas vous contenter de suivre le mouvement.

certain nombre d'écoles. Pour acquérir de vraies compétences, il est nécessaire de s'extraire de votre bulle familière qui, bien que rassurante, surtout lors d'un premier départ, peut présenter le risque de vous couper de la réalité locale. Partir à plus de dix étudiants issus de la même école crée indéniablement des liens solides et des souvenirs mémorables, mais limite forcément la découverte de la langue, de la culture et de la population locale.

Pour tirer le maximum de cette étape de votre parcours, il est nécessaire d'être l'acteur de votre échange et de ne pas vous contenter de suivre le mouvement. C'est une occasion privilégiée de s'imprégner de la culture locale qui ne se représentera peut-être pas de cette manière par la suite !

Un semestre de travail et pas de vacances

La tentation est grande, lorsque l'on a la possibilité de découvrir un nouvel environnement, de l'explorer au maximum ! En Asie, où les vols sont très abordables, ou en Amérique latine, où l'appel du *road trip* est fort, il est tentant de prolonger un peu le week-end, au détriment des cours, ou même des examens.

Le semestre à l'étranger est bien sûr une opportunité unique de visiter de nouvelles contrées, et il serait dommage de s'en priver. Mais c'est aussi un semestre académique, dont l'objectif est de valider une formation et

des crédits. À l'issue du séjour, un processus de transferts de crédits acquis permet de reconnaître et de faire valoir votre semestre à l'étranger dans votre cursus, sans allonger votre scolarité. Mais les crédits manquants ne pouvant pas être transférés, il faudra souvent reprendre des cours pour compenser, ou repartir dans l'université d'accueil pour passer des rattrapages. Ce sont des solutions coûteuses, complexes à organiser et chronophages. En un mot : à éviter !

Sans compter que voyager sans cesse au cours du semestre limitera votre intégration dans votre nouvelle communauté, et le risque de l'entre-soi mentionné précédemment prendra alors une nouvelle dimension. Gardez à l'esprit que suivre les cours consciencieusement n'est pas incompatible avec la découverte du pays ou de la région.

Le choc culturel

Le choc culturel est régulièrement minimisé, à tort, car il fait partie intégrante de l'expérience. Arriver seul à l'étranger, c'est d'abord perdre d'un seul coup l'ensemble de ses repères : famille, amis, lieux familiers…

À l'arrivée, une certaine désillusion accueille parfois les étudiants. En plus de la fatigue causée par la communication dans une langue étrangère et l'adaptation à un nouveau mode de vie, le sentiment de solitude s'immisce. Les premières semaines comportent leur lot de contraintes administratives et logistiques : s'enregistrer auprès des autorités locales, établir son emploi du temps de cours, finaliser les formalités liées au logement… Une forme de lassitude et de déception peut alors prendre le

dessus. Cette phase normale dans le processus d'immersion et d'adaptation atteint souvent son paroxysme au bout de quelques semaines.

Passé cette première étape, une routine rassurante se met en place : emploi du temps finalisé, développement d'une nouvelle vie sociale, identification des personnes support, adaptation… C'est aussi le moment où vous commencerez à sentir les progrès linguistiques et où vous aurez cerné les différences culturelles. On atteint à ce moment la phase dite de *honeymoon*.

La période d'études à l'étranger est une expérience d'une grande intensité émotionnelle ; il n'est pas rare d'être confronté au retour à un choc culturel inversé, parfois plus difficile encore à gérer que la première adaptation. Après une période de grande liberté, de découvertes, de rencontres multiculturelles, la vie quotidienne peut s'avérer difficile à réintégrer. Cela est accentué par l'incapacité de l'étudiant à partager complètement cette expérience avec ses proches restés en France, qui ont vécu tout autre chose pendant son absence. Plus le séjour est long, plus l'environnement laissé en partant aura évolué au retour. Une forme d'incompréhension mutuelle peut s'avérer déstabilisante pendant quelques semaines.

Ces dernières années, l'omniprésence des réseaux sociaux a considérablement accentué l'impact du choc culturel, et ce aux différentes étapes décrites, notamment la phase de désillusion : la facilité avec laquelle on peut accéder à ce qui se passe ailleurs, en France ou dans d'autres universités étrangères, peut renforcer de façon notable le sentiment de ne pas être au bon endroit, l'angoisse de passer à côté d'une expérience meilleure : le « *fear of missing out* » (ou FoMO), prend parfois des proportions très importantes. C'est pourquoi il est indispensable de relativiser ce qui est communiqué sur les réseaux ; les photos et commentaires postés publiquement ne reflètent pas toujours la réalité des étudiants qui les publient.

Si vous redoutez cette expérience, sachez qu'il n'est pas nécessaire de mettre dix heures de décalage horaire entre vous et vos proches pour réussir votre échange ou votre stage.

Les angoisses à gérer

On peut rêver d'école de management et être loin de l'expatriation, pour de multiples raisons. Pour certains, partir est une contrainte, voire un obstacle, mais dans la plupart des écoles, le départ est un prérequis.

Si vous redoutez cette expérience, sachez qu'il n'est pas nécessaire de mettre dix heures de décalage horaire entre vous et vos proches pour réussir votre échange ou votre stage. Il est important de connaître ses limites. Vous pouvez réaliser un semestre extrêmement enrichissant en Suisse ou en Belgique, où vous aurez la tranquillité d'esprit de pouvoir rentrer facilement en cas de besoin et de maîtriser les codes de l'interaction avec les locaux.

Certaines écoles disposent de campus délocalisés à l'étranger. Bien que moins immersifs, ils permettent néanmoins une expatriation dans un environnement familier et rassurant. Tous les étudiants arrivent en terre inconnue, l'adaptation est une expérience partagée par tous, ce qui crée des liens et facilite la gestion des épreuves.

Il ne faut pas sous-estimer les frais que représente ce séjour à l'étranger.

Les aspects financiers

Dans le cadre d'un échange, chaque étudiant s'acquitte des frais de scolarité dans son établissement d'origine. Certaines écoles intègrent le semestre en question dans les frais de scolarité, quand d'autres pratiquent des surcoûts pour donner accès à des universités prestigieuses ou à des programmes spécifiques. Mais quoi qu'il en soit, votre école ne transfère pas d'argent à l'université d'accueil : l'accord entre les deux institutions est basé sur l'échange d'un nombre d'étudiants, indépendamment des tarifs affichés. La politique financière relative à l'éducation dans chaque pays ne reflète d'ailleurs pas nécessairement la qualité de l'enseignement. Le Danemark compte ainsi d'excellentes universités qui proposent leurs formations gratuitement ou presque aux étudiants européens, alors qu'en Australie, l'éducation constitue une industrie comme une autre, impliquant des frais très élevés.

Il ne faut cependant pas sous-estimer les frais que représente ce séjour à l'étranger. La recherche du logement est souvent accompagnée par les universités, mais peut s'avérer un vrai parcours du combattant si celle-ci ne dispose pas de résidence ou de partenariat privilégié. La vie sur place ne vous coûtera pas la même chose à Oslo ou à Bogota. Il faut compter 950 euros par mois environ (logement inclus) selon les recommandations des universités norvégiennes, contre à peine 200 euros en Colombie. La mobilité au sein de l'Europe est d'ailleurs encouragée par le dispositif

Erasmus+ qui permet aux étudiants de postuler à une bourse de mobilité et de couvrir ainsi une partie des frais de logement ou de vie sur place.

Souscrire à une couverture médicale qui prend en charge l'intégralité des frais en cas de problème est une nécessité, notamment hors Europe. La majorité des universités américaines l'exigent à l'inscription, et il n'est pas rare de devoir débourser 1 000 euros pour un semestre. Intéressant tout de même si l'on sait qu'Outre-Atlantique, une appendicite peut coûter 49 000 dollars. En fonction du pays, il faut également prévoir les éventuels vaccins.

À cela s'ajoutent les prix du billet d'avion (et des éventuelles assurances associées), du passeport et du visa (hors Europe). Enfin, il faut compter pour certaines destinations un budget pour les contenus pédagogiques, qui peut aller jusqu'à 500 euros. Il est bien sûr possible d'acheter des ouvrages d'occasion, moins chers.

Au moment de choisir votre future école, n'hésitez pas à étudier en détail son offre internationale : quels formats propose-t-elle (échange classique, plusieurs départs, stages, doubles diplômes) ? Possède-t-elle un campus délocalisé ou procède-t-elle à des échanges avec des universités partenaires ? Existe-t-il des frais de scolarité supplémentaires ?

En regardant l'offre de ces écoles sur leur site Internet, vous pourrez constater qu'une majorité de grandes écoles de management tient un portefeuille d'universités prestigieuses à disposition de ses étudiants : les accréditations internationales (AACSB, EQUIS, AMBA ➤ chapitre 1) vous permettront de le vérifier, ainsi que les classements par pays, ou encore la liste des partenaires français de ces établissements étrangers. Attention, toutes les universités présentées sur les sites ne sont pas forcément disponibles pour tous les programmes chaque année, et toutes ne proposent pas l'intégralité des filières d'études.

La préparation de votre séjour est capitale pour éviter les mauvaises surprises et profiter au maximum de l'échange. En s'appuyant sur l'expertise des services des écoles, choisissez votre destination en tenant compte de vos aspirations professionnelles, linguistiques, académiques et de vos capacités financières. Organiser à l'avance votre séjour et vous adapter si la situation diffère de l'objectif initial sont deux clés essentielles. Il est également important de vous préparer à un éventuel choc culturel ou personnel, pour savoir l'identifier.

L'expérience internationale pendant vos études est une opportunité unique d'observer ce qui se passe à l'étranger, de rapporter de bonnes idées de projets, et de mieux connaître l'environnement économique, politique et culturel d'un pays. Cela passe nécessairement par une fuite de l'entre-soi, une curiosité et un esprit aventurier !

Découvrir Erasmus : https://info.erasmusplus.fr/
Contacter un ambassadeur Erasmus :
https://generation.erasmusplus.fr/les-ambassadeurs/
Contacter l'agence chargée du développement international des entreprises françaises : https://www.businessfrance.fr/
Prendre connaissance du Cadre européen commun de référence pour les langues : https://lecafedufle.fr/cecrl/

Témoignage

Matthieu
(Rennes School of Business)

“Avant le début de mon échange universitaire à Jakarta, j'avais décidé de faire une escale de deux semaines en Thaïlande pour visiter le pays. La compagnie aérienne régionale qui m'a amené en Indonésie a perdu ma valise à Bangkok. Il a fallu que je m'adapte rapidement. J'ai sauté dans un taxi pour rejoindre ma résidence étudiante. Après trois heures coincé dans les embouteillages, j'ai découvert que celle-ci était fermée à cause d'une fête locale. J'étais donc à la rue. J'ai gardé mon calme et appelé Antoine, un ami, arrivé quelques jours plus tôt. Quand je l'ai rejoint, il était avec son colocataire koweïtien. J'ai appris que la fête locale en question était l'Aïd el-Kébir. Nous y sommes donc allés tous les trois. Cela m'a permis d'en apprendre plus sur les us et coutumes de ce pays de près de 270 millions d'habitants ; la première population musulmane du monde. Finalement, ce séjour à l'étranger ne commençait pas si mal !”

BOOSTER SA CRÉATIVITÉ

Éclairer le processus de la créativité pour mieux le comprendre et l'utiliser

CATHERINE CHAMPEYROL

Entrepreneur et artiste, diplômée de l'EDHEC

CHAPITRE 4

Le contexte exigeant des classes préparatoires comme l'évolution dans le cadre d'un PGE semblent donner peu de place à l'expression de la créativité. Cette fausse impression fait écho à deux stéréotypes qui ont la vie dure. Le premier est de penser qu'il faut une grande liberté et ne pas être sous pression pour avoir le luxe de déployer sa créativité. La classe préparatoire ne laisserait place qu'au travail forcené sans tolérer les fantaisies. Le second est de croire que les filières spécialisées des industries créatives (art, design, communication, culture...) ont seules l'apanage d'une formation à la créativité. Les sciences de gestion, la finance et l'économie délaisseraient ainsi, par définition, les approches créatives.

C'est méconnaître les riches apports de la créativité dans l'apprentissage et la préparation de concours. C'est oublier à quel point l'interactivité, le questionnement et le rebond d'idées sont essentiels à l'appropriation des connaissances.

Petit retour historique

Le terrain de la créativité peut sembler trop vaste, un peu mystérieux. Il n'est pas toujours simple de s'évaluer sur cette compétence. Dans les

pages qui suivent, les « créatifs » trouveront les arguments qui valorisent leur créativité et des méthodes qui l'amplifient. Les « non-créatifs », eux, comprendront comment ils contribuent, parfois à leur insu, à un processus de créativité. Et les indécis cerneront mieux le sujet pour passer de la théorie à la pratique.

La popularité du terme « créativité » se développe à la mi-temps du XXe siècle. Les Anglo-Saxons, en particulier les Américains, déploient la notion de « *creativity* » au sortir de la Seconde Guerre mondiale. Après-guerre, il faut reconstruire, divertir et innover pour proposer un nouveau modèle de société. La technique de créativité la plus connue à ce jour, le *brainstorming*, date de cette époque.

La langue française s'approprie le mot quasiment à l'identique dans les années 1970. Psychologues et sociologues se penchent sur le sujet, puis vient le tour des entreprises. Les premiers cabinets de conseil en créativité émergent dans les années 1980. Les écoles (d'art, d'ingénieurs, de design, de commerce, de numérique, de cuisine...) intègrent la matière dans leurs programmes au tournant du XXIe siècle. C'est alors le début de l'emballement, avec l'enjeu économique croissant des industries créatives, la démocratisation accélérée des outils numériques (Paint, Spotify ou Instagram, par exemple), l'émergence des aspirations des « créatifs culturels » en Occident, l'inflation du nombre de start-ups et la mise en avant des compétences attendues par les métiers du futur avec le quarté gagnant : pensée Critique, Coopération, Communication et... Créativité.

Recherches, publications, formations se multiplient sur le thème. Le sujet explose dans les médias et, avec cette profusion de sources, il devient ardu de tracer son chemin. « Booster sa créativité » s'attache à l'aventure de cette compétence clé de notre époque, à sa caricature et à son humanité. L'aventure est inspirante. Si la créativité comporte ses pièges et ses normes, elle relie d'abord au vivant.

L'aventure est inspirante. Si la créativité comporte ses pièges et ses normes, elle relie d'abord au vivant.

Booster sa créativité : une possibilité

La définition insaisissable

Il n'existe pas de définition consensuelle et définitive de la créativité. Toutes sont incomplètes, certaines ont même des effets pervers. Envisager la créativité comme la capacité à imaginer, proposer et mettre en œuvre des solutions originales s'avère complexe. Comment évaluer l'originalité ? C'est trop subjectif. Chaque culture, chaque profession, chaque génération, chaque personne en a une perception différente.

Définir la créativité comme une compétence distinguant l'espèce humaine des autres formes du vivant sur la planète est réducteur et anthropocentré. Cela justifierait une pseudo-supériorité qui conduirait à des catastrophes écologiques, avec un effet boomerang sur les humains dont on découvre les méfaits un peu plus chaque jour.

Sur Larousse.fr, la définition donnée est piégeuse : « capacité, faculté d'invention, d'imagination, pouvoir créateur ». Elle est parfaitement écrite pour renforcer deux croyances fausses : être créatif, c'est avoir des idées et c'est un don de Dieu.

Trois aptitudes sont à combiner pour définir la créativité : la motivation, l'imagination et l'action.

Trois aptitudes sont à combiner pour définir la créativité : la motivation, l'imagination et l'action. En ce sens, elle est abordée comme la motivation à imaginer et à tester des hypothèses nouvelles, à se mettre en mouvement avec des solutions alternatives, à changer de comportement pour résoudre une situation bloquée, à résister aux routines imposées. C'est un véritable processus, qui place en son centre la motivation.

La métaphore éclairante

L'analogie marquante est celle du sport : la créativité, comme un muscle, se développe dès qu'elle est sollicitée. C'est un talent qui se renforce à l'entraînement. Certains pratiquent régulièrement, d'autres sont d'excellents supporters dans les tribunes, et quelques-uns se révèlent être des athlètes de haut niveau. Avec la créativité aussi, chacun peut trouver son rythme. Il est possible de se faire plaisir en amateur ou en professionnel, en solo ou en équipe, ou encore en encourageant le talent des autres. Il y a autant de diversité dans les pratiques créatives que dans les pratiques sportives, avec parfois des excès et du dopage, des accidents et des moments de récupération.

Le talent seul ne suffit pas. La qualité de la préparation physique, émotionnelle et mentale fait la différence entre les champions et les autres. L'entraînement, l'échauffement et le contexte jouent une grande influence.

Les sportifs s'entretiennent, les musiciens répètent leurs gammes et tous s'échauffent avant d'entrer sur le terrain ou sur scène. L'émulation du public les aide à entrer dans le « *flow* », cet état addictif où tous les efforts faits à l'entraînement se cristallisent en une prestation hors norme, exigeante et gratifiante.

Une question de motivation

Les artistes comme les entrepreneurs sont les premiers cités comme incarnations de la créativité. S'ils paraissent exemplaires, c'est grâce à leur motivation si forte : le rouage essentiel de la créativité. Cette motivation bien ancrée dans leurs vies leur communique une énergie puissante et une exigence tenace. Pourtant, ils mettent plus volontiers en avant leurs œuvres ou leurs idées que l'élan intime qui les porte. De même que les poissons ne voient pas l'eau, ils baignent dans leur motivation sans la voir, donc en parlent peu.

Qu'est-ce qui met en mouvement ? Qu'est-ce qui motive l'imagination ? Générer et maintenir la motivation n'est pas un exercice facile, rien de mieux qu'un bon « défi dingue » pour donner toute la mesure de son talent. Le défi dingue, c'est une ambition positive, émotionnelle et... dingue (rougir en l'énonçant est un bon indicateur) !

Vous êtes sous pression pour réussir une étape difficile ? Formulez votre défi dingue et libérez une énergie durable qui nourrit votre ingéniosité, votre créativité, pour passer le cap. La créativité, c'est d'abord de l'énergie. La source de cette énergie réside dans la motivation.

La créativité, c'est d'abord de l'énergie. La source de cette énergie réside dans la motivation.

Les cinq leviers du processus créatif

La créativité s'exprime avec cinq leviers fondamentaux :

- **motiver** : mobiliser l'intérêt (impliquer, formuler les défis motivant, créer l'ambiance engageante) ;
- **clarifier** : formuler la bonne question (comprendre les enjeux, croiser des faits, reformuler le problème) ;
- **imaginer** : générer le flux d'idées (multiplier les points de vue, avoir beaucoup d'idées, qu'elles soient réalistes ou non) ;
- **tester** : sélectionner les bonnes idées, les combiner, les améliorer (rendre les meilleures idées plus robustes, les tester et les perfectionner) ;
- **faire** : passer à l'action, mettre en œuvre concrètement (être pragmatique, privilégier le résultat, la mise en pratique, rester focalisé sur l'objectif et son plan d'action, aboutir à la solution).

Ces cinq leviers s'imbriquent dans le processus de créativité. Aucun n'est plus nécessaire qu'un autre. Interdépendants, ils forment un véritable écosystème. Chaque personne a ses atouts et ses points faibles dans ce processus, ce sont eux qui donnent du relief à la créativité individuelle. Trouvez le ou les leviers qui vous sont naturels (vous savez et aimez les activer) et définissez ainsi vos zones de contribution maximale au cœur du processus créatif (vous savez où réside votre talent). Il est tout à fait possible d'être créatif sans avoir d'idées ! Par exemple, en clarifiant les enjeux ou en combinant les idées des autres pour les perfectionner.

Vos contextes de vie, votre éducation, votre formation, les rencontres qui jalonnent votre parcours font évoluer vos talents. Votre créativité est vivante.

Boycotter sa créativité : une option

Avoir des idées, c'est superflu

À l'ère du *smart data* et de l'intelligence artificielle, les atouts de la créativité humaine semblent bien limités face à la puissance de calcul numérique. Le logiciel AlphaGo et ses versions ultérieures triomphent au jeu de go face aux champions depuis 2015 et se consacrent désormais à la résolution de problèmes scientifiques complexes. S'échiner à générer beaucoup d'idées, c'est dépassé quand un algorithme démultiplie les hypothèses et combine les options à la vitesse de la lumière. Bientôt, l'ordinateur quantique et ses performances hors norme bouleverseront la notion même de créativité. La première vente aux enchères d'une peinture générée par une intelligence artificielle a eu lieu à New York en octobre 2018. Christie's a adjugé l'œuvre réalisée par le collectif français Obvious pour 432 500 dollars alors qu'elle était initialement estimée à 7 000 dollars.

Force est de constater que le mythe de l'artiste se dissout dans le numérique avec la démocratisation des outils de création (Photoshop naît en 1988), accélérée par le boom des smartphones (Apple lance l'Iphone en 2007) et leur kyrielle d'applications plus créatives les unes que les autres. Tous les métiers sont impactés. La distillerie suédoise Mackmyra s'associe en 2019 à Microsoft et à Fourkind pour combiner son patrimoine de

recettes à des données commerciales et créer le premier whisky développé grâce à une intelligence artificielle. Les récentes recherches sur l'intelligence animale et végétale viennent encore doucher l'enthousiasme de ces humains qui s'arrogeaient seuls des capacités créatives.

Copie et appropriation culturelle

Rien n'est original, tout exploite des créations antérieures. Les clips de Beyonce s'inspirent des chorégraphies d'Anne Teresa De Keersmaeker, les BATX chinois suivent les traces des GAFA américains... Ce n'est pas nouveau. Une innovation dans l'air du temps émerge parfois chez plusieurs entrepreneurs : l'ampoule électrique fut bien inventée simultanément par l'Américain Thomas Edison et le Britannique Joseph Swan (dont l'antériorité du dépôt de brevet fut reconnue à l'issue d'un procès).

Le Web accélère la circulation des idées, c'est une banque de rêve pour les plagiaires. Tracer la généalogie d'une idée est un exercice complexe. L'utilisation de logiciels détectant les copier-coller est désormais nécessaire pour les universités et les grandes écoles. C'est également un service que propose Scribbr aux étudiants afin qu'ils identifient un éventuel plagiat et l'élimine avant de rendre leurs travaux. De l'inspiration à la contrefaçon, l'écart est parfois bien mince...

Trois conseils pour éviter l'écueil du plagiat :

- développez et actualisez votre culture générale pour avoir des repères fiables, qu'ils soient visuels, musicaux ou écrits ;
- assumez toujours vos sources et créditez-les ;

– réinterprétez, enrichissez et hybridez votre source d'origine avec d'autres apports.

La notion d'« appropriation culturelle » rend le terrain de l'inspiration encore plus glissant. Comment emprunter des symboles, des traditions, des savoirs d'une culture, tout en les respectant ? Le débat fait rage et n'est pas clos.

Pour certains, la mode actuelle de la créativité n'est qu'une nouvelle injonction de performance, couplée au fantasme de l'artiste et de l'entrepreneur super-héros.

Les vertus de la non-créativité

Si tant de personnes se déclarent peu ou non créatives, c'est qu'elles ont de bonnes raisons ! C'est plus tranquille : afficher sa créativité expose à des questions, à des interactions. C'est plus sûr : la créativité est généralement associée à la prise de risque. Cela tempère : l'enthousiasme des créatifs porte souvent des œillères ; leur engagement passionné les aveugle et leur fait sous-estimer les difficultés. Cela oppose une inertie utile : face à la résistance passive, les plus créatifs sont contraints de muscler leurs arguments, de rendre leurs projets plus robustes et plus sûrs ; bref, ils s'améliorent. Et c'est moins frustrant : tant d'idées et de projets sont rejetés sans explication…

Pour certains, la mode actuelle de la créativité n'est qu'une nouvelle injonction de performance, couplée au fantasme de l'artiste et de l'entrepreneur super-héros. Pour d'autres, la créativité s'affiche partout, parfois de façon légitime, souvent de façon anecdotique, avec des créations plates et sans relief. En résumé, quand tout est créatif, rien n'est créatif.

Pour être non-créatif, il faut se considérer comme tel, se refuser le droit à l'erreur, tout faire tout seul, toujours éviter la prise de risque et craindre les contraintes.

Booster les créativités : ensemble, c'est mieux

La créativité en équipe, avec méthodes

Aucun de nous ne sait seul ce que nous savons tous ensemble. Ce principe met en avant l'action de l'intelligence collective sur la créativité : elle la dope. Pour un dopage efficace, des points de repère partagés sont utiles, d'où la diffusion de méthodes.

Que ce soit le Design Thinking ou le Creative Problem Solving, la grande vertu de ces approches très documentées est de faciliter la coopération de plusieurs personnes, selon des étapes bien coordonnées et avec un vocabulaire partagé. Vous devrez vous familiariser avec ces démarches qui facilitent la communication et la collaboration ; elles sont très prisées dans les projets en lien avec l'innovation et régulièrement mises en œuvre en école de commerce et en entreprise.

• **Design Thinking :** élaborée à l'origine par l'université de Stanford, la méthode s'inspire des designers pour apporter des solutions créatives. Elle place l'utilisateur au centre afin d'identifier ses besoins, de décoder ses comportements. C'est une boucle itérative en cinq étapes : observer, générer des idées, prototyper, tester, mettre en œuvre.

• **Creative Problem Solving :** cette démarche envisage la créativité comme une respiration, avec une phase d'inspiration (diverger, ouvrir les possibles), suivie d'une phase d'expiration (converger, filtrer) sur chacune des huit étapes successives :
– la définition de l'objectif à atteindre ;
– le recueil des données ;
– la formulation du défi créatif ;
– la génération d'idées ;
– la sélection des meilleures idées ;
– la combinaison des meilleures idées en solutions ;
– la formalisation du plan d'action ;
– la mise en œuvre.

Quatre techniques souples, à embarquer en toutes circonstances

Faciles à mémoriser, simples à mettre en œuvre, voici quatre ressources précieuses et combinables librement.

• **La matrice ACDC :** inspirée par la complémentarité du Yin et du Yang, par la logique de création et de destruction de l'innovation, ACDC s'approprie le sujet en quatre temps pour générer des idées ou définir un plan d'action :
– A comme augmenter : amplifier des éléments qui existent déjà ;
– C comme créer : apporter de la nouveauté ;
– D comme diminuer : minorer, réduire des éléments ;
– C comme casser : supprimer des éléments.

L'érudition est une fidèle alliée de la créativité et se cultive avec ardeur, notamment en classe préparatoire.

• **La carte mentale :** inspirée du fonctionnement du cerveau avec ses connexions neuronales, elle explore le sujet par associations d'idées successives. Sur une feuille vide, écrivez le sujet au centre, notez autour les notions qui vous passent par la tête, regroupez ensuite ces notions en familles cohérentes et poursuivez le rebond d'idées jusqu'à épuisement du sujet.

• **La connexion improbable :** posez le sujet, choisissez un livre au hasard ou plongez la main dans votre sac pour en sortir un objet. Considérez ce livre ou cet objet comme une ressource essentielle à la génération d'idées en lien avec le sujet. Ouvrez une page au hasard ou observez minutieusement l'objet ; l'inspiration est là.

• **Le démontage :** considérez le sujet à traiter comme un moteur complexe dont il faut démonter tous les composants. Identifiez-les un par un et détectez ceux qui peuvent être modifiés. Jouez avec les modifications possibles.

Aux sources de l'inspiration

Craquer les codes de l'inspiration en trois temps et deux mouvements, c'est la méthode pour régénérer votre créativité, mieux comprendre celle des autres et gagner en confiance. Les trois temps de l'inspiration sont le passé, le présent et le futur.

- **Le passé :** l'expérience acquise, l'éducation reçue, les connaissances accumulées, la mémoire (Mnémosyne est la mère des Muses dans la mythologie grecque). Poursuivre des études donne des repères, forge l'esprit critique, prépare à la confrontation d'idées. Votre bagage de connaissances est un immense gisement d'inspirations. L'érudition est une fidèle alliée de la créativité et se cultive avec ardeur, notamment en classe préparatoire. Les dictatures le savent bien, elles effacent l'histoire et les arts.

Les visions de l'avenir nourrissent la créativité.

- **Le présent :** l'environnement immédiat, l'actualité, ce qui se passe maintenant, le contexte du moment, l'observation instantanée, l'émotion présente. Il s'agit de s'immerger dans le présent pour en extraire des pistes créatives, de mettre vos cinq sens en éveil au service de votre inspiration et, comme une éponge, de s'imprégner de la vie immédiate. Des secteurs comme la mode ou les médias font de la captation du présent l'essence même de leur modèle économique.
- **Le futur :** la prospective, les utopies et dystopies, les anticipations, les scenarii de science-fiction, ce vers quoi se projeter à long terme, ce qui pourrait advenir, les aspirations émergentes, les signaux faibles… Les visions de l'avenir nourrissent la créativité. Des plateformes de veille se multiplient, le *smart data* permet d'élaborer des scenarii, les cahiers de tendances et études prospectives sont des tremplins pour la créativité.

Quant aux deux mouvements engageants :

- **Entrer dans le cadre donné :** répondre à la question posée sans dévier, en examinant la « boîte de départ », vous comporter en virtuose du sujet, le

Toute contrainte est un formidable catalyseur de créativité.

creuser pour en extraire des solutions. De nombreuses marques de luxe françaises mettent en avant leur virtuosité.

• **Sortir du cadre donné :** explorer en dehors de la « boîte de départ », vous comporter comme un électron libre, imprévisible. Il s'agit de prendre le risque de sortir du sujet pour y répondre mieux, comme ces médecins urgentistes qui s'inspirent des écuries de Formule 1 pour améliorer leur performance.

Dans quels temps puiser l'inspiration ? Quelle est la relation au cadre ? Ces deux questions guident les démarches créatives et posent des repères. Par exemple, ouvrir le réfrigérateur pour improviser un repas relève du présent/dans le cadre. Alors qu'utiliser un lave-vaisselle pour cuire un saumon en papillote lorsque le four est en panne serait de l'ordre du présent/hors du cadre.

Apprendre à puiser aux différentes sources de l'inspiration, c'est aussi mieux comprendre et tolérer les créativités possibles sur un sujet donné.

La créativité ne s'use pas, elle se met juste en sommeil quand elle est peu sollicitée. La meilleure façon de la réveiller est de lui apposer une contrainte. Toute contrainte est un formidable catalyseur de créativité. Les environnements les plus contraignants la libèrent. Chacun peut y trouver une respiration, un espace de curiosité et de questionnement qui renforce la prise d'initiatives et le pouvoir d'action.

Les classes préparatoires, la préparation de concours sont des contextes qui créent des communautés apprenantes solidaires. Au cœur de ces expériences émergent des atouts qui irriguent durablement la créativité des protagonistes : l'intelligence collective, la mémoire, la culture générale, le discernement et l'esprit critique, la résistance au stress, la confrontation positive des points de vue, la traversée de moments de doute et de découragement…

Faites confiance à votre potentiel de créativité ! C'est la première étape de son épanouissement. Ce potentiel n'est jamais figé, il est vivant, il évolue au gré des circonstances de la vie. Aujourd'hui, la recherche d'impact positif, l'élaboration de nouveaux projets de société alternatifs centrés sur l'humain et la planète imposent une nécessaire prise de recul face à la frénésie de créativité tous azimuts. En tant que telle, cette compétence n'est ni bonne ni mauvaise, ce sont les champs d'application qui s'offrent à elle qui sont vertueux ou ne le sont pas.

À vous de choisir !

@

Passer un test (en anglais) pour définir votre profil de créativité :
www.mycreativetype.com
Découvrir des œuvres d'art générées par l'intelligence artificielle :
https://obvious-art.com

Témoignages

Philippe
(NEOMA Business School)

« Je n'avais aucune idée de comment on pouvait développer sa créativité car je considérais que cette qualité était un don. Mais grâce à un cours dans mon école, j'ai pu m'émanciper de tous ces préjugés et me créer ma propre opinion. En effet, la créativité est une qualité qui se développe par un travail sur soi et qui est en quelque sorte polie par notre environnement et notre expérience. Il faut la considérer comme un sport, qui nécessite un échauffement pour que notre corps puisse se mettre en mouvement. C'est pour cela que je faisais les cent pas quand je devais réfléchir à quelque chose. Qui plus est, plus on s'entraîne, plus être créatif devient un réflexe. »

Léa
(EDHEC)

« Travailler sur la créativité peut être utile aux personnes en charge des RH, par exemple. C'est une nouvelle façon d'appréhender les choses, une manière de tourner le problème autrement, d'évaluer les profils et de composer des équipes pour avancer efficacement. On apprend à voir et à comprendre certaines réactions, ce qui peut nous permettre de ne pas juger ou catégoriser directement celles et ceux qui les ont. Cela peut même nous mener à adapter notre discours. »

ENRICHIR SES COMPÉTENCES PAR UN DOUBLE DIPLÔME

Réfléchir à l'opportunité d'acquérir un profil polyvalent grâce à l'hybridation des savoirs et des compétences

NATHALIE HECTOR

Directrice du développement à SKEMA

CHAPITRE 5

« Disruption », « robotisation », « digitalisation » font partie des mots-clés régulièrement cités pour présenter la société postmoderne qui se met en place sous nos yeux. Si ces sauts technologiques procurent une forme de confort et d'amélioration de notre quotidien, ils apportent également une multitude d'évolutions qui influencent directement la vie des organisations. En effet, de nombreuses études – parfois alarmistes – évoquent une mutation, voire une disparition, de certains métiers et la recomposition d'un monde professionnel complètement neuf ou à réinventer. À cela s'ajoutent de nouveaux enjeux mondiaux, sociétaux, qui rendent les équations à résoudre de plus en plus complexes.

Pour faire face à ces défis et bénéficier des opportunités qu'ils font naître, le choix que chacun de vous fait dans le cadre de ses études supérieures n'est pas neutre. La formation des esprits éclairés doit aller au-delà de l'initiation à une somme de connaissances techniques centrées sur un champ d'expertise. Ce qui compte avant toute chose, c'est d'appréhender son choix de parcours comme une invitation au questionnement, plutôt que d'y voir un apprentissage ajusté à la maîtrise des réponses à un problème donné. L'essentiel, dans ce contexte, est de rechercher la complémentarité

L'essentiel, dans ce contexte, est de rechercher la complémentarité et la transversalité des savoirs et des aptitudes pour pouvoir affronter le complexe, l'incertain.

et la transversalité des savoirs et des aptitudes pour pouvoir affronter le complexe, l'incertain.

Dès lors, faire le choix de la double compétence en école de commerce et ainsi hybrider ses connaissances et ses aptitudes représentent une voie idéale pour répondre aux attentes du marché professionnel.

Qu'est-ce que l'hybridation ?

« Le monde qui nous entoure est de plus en plus hybride. Par hybride, il faut entendre ce qui est mélangé, flou, contradictoire, imprévisible et hétéroclite. Autrement dit, l'hybride correspond à tout ce qui ne rentre pas dans les cases ! » Telle est la définition que retient la philosophe Gabrielle Halpern dans son essai, *Tous centaures. Éloge de l'hybridation*. Cela conduit, selon elle, « les institutions publiques et les entreprises à repenser leur organisation pour les hybrider avec une logique plus agile, plus créative, plus entrepreneuriale et horizontale ».

Il n'est donc pas étonnant, pour accompagner cette complexité, que les cursus au sein des écoles de commerce évoluent pour mieux former les futurs managers qui auront la charge de transformer en profondeur les organisations, et plus globalement la société.

En école, l'hybridation consiste à combiner des champs disciplinaires différents, tels qu'ingénieur-manager, juriste-manager, dans le but d'agencer des capacités à la fois techniques et managériales et d'être ainsi en mesure d'appréhender la complexité des problématiques actuelles rencontrées dans les organisations. Cette double compétence permet de structurer une vision systémique de l'entreprise et d'être ainsi apte à conduire des projets transversaux très souvent stratégiques.

> **En école, l'hybridation consiste à combiner des champs disciplinaires différents, tels qu'ingénieur-manager, juriste-manager, dans le but d'agencer des capacités à la fois techniques et managériales.**

Le fait d'hybrider des savoirs différents, au-delà de la connaissance, est également un moyen d'accéder à une agilité, si nécessaire à l'adaptation permanente requise dans cette société changeante. Ce n'est pas simplement l'agrégation des connaissances qui doit être recherchée, mais surtout la complémentarité et les regards croisés qui vont permettre d'enrichir l'analyse et les propositions de valeur face à une problématique. Du mélange naîtra une approche créative, de la synergie.

Comment s'organise un double diplôme ?

Les modalités d'accès

Deux voies distinctes peuvent vous mener à acquérir une double compétence.

En choisissant la première, vous opterez d'abord pour un premier cycle d'une formation spécialisée (droit, médecine, mathématiques, sciences de l'ingénieur, etc.), que vous compléterez ensuite par un parcours en gestion. Cela est rendu possible via un concours dédié pour les profils qui, comme vous, intègrent « en voie parallèle » un Programme Grande École (PGE) ; ils constituent une cohorte diversifiée qui rejoint celle des étudiants en classes préparatoires.

La seconde voie vous concernera si vous faites le choix, justement, de ces classes préparatoires. Dans ce cas, la double compétence devra être appréhendée en parallèle de votre cursus en école de commerce, et généralement dans le cadre d'un accord entre votre établissement et le lieu de votre formation complémentaire, privée ou universitaire. Parmi les plus prisées, citons les écoles d'ingénieurs, les Beaux-Arts, la faculté de droit ou les instituts d'études politiques. Il est également possible de choisir un parcours plus original via l'École du Louvre ou encore une école de mode ou de design. Traditionnellement, quelques étudiants s'orientent aussi vers un master recherche, dans le but de poursuivre leur parcours par une thèse de doctorat.

Généralement, l'entrée dans ces doubles diplômes se fait via un processus sélectif et s'opère au niveau master (M1+M2) du PGE. Chaque accord entre les deux établissements est différent et définit un cadre pédagogique strict. De manière quasi systématique, un dossier et/ou un entretien vous sera demandé pour mesurer votre degré d'engagement, s'ajoutant à la traditionnelle lettre de motivation et au CV.

L'organisation de la scolarité pourra prendre plusieurs formes : un jour par semaine dans l'autre établissement ou bien un semestre, une année. Vous devrez passer des examens chez le partenaire académique, notamment dans les matières principales.

Les incontestables atouts du double diplôme

Il convient de préciser qu'au-delà de l'initiation théorique aux disciplines de chaque domaine, vous devrez souvent vous adapter à des modalités d'apprentissage spécifiques : des hackathons (travaux de collaboration qui consistent à réfléchir à une problématique en temps limité), des *serious games* (apprendre de manière ludique par le biais des nouvelles technologies), ou des projets à réaliser en groupe. L'objectif de ces démarches pédagogiques sera de vous confronter, au travers d'une problématique, à d'autres esprits, d'autres visions que les vôtres. Vous pourrez ainsi comparer les différentes façons d'aborder et de résoudre un problème en fonction du *background* de chacun, donc apprécier toute la créativité des propositions et les synergies qui seront réalisées. En résumé, il s'agit d'un apprentissage expérientiel qui vous placera dans les conditions de ce que sera votre futur environnement professionnel.

Il est à noter que certaines écoles proposent ces types de doubles diplômes dans le cadre d'accords académiques internationaux. Vous pourrez, dans ce cas, en plus de l'hybridation des connaissances, découvrir d'autres modalités d'enseignement et bénéficier de la richesse d'une approche interculturelle.

En substance, qui intègre un cursus double diplômant a l'opportunité d'effectuer un parcours différent d'autres étudiants en business school.

En substance, qui intègre un cursus double diplômant a l'opportunité d'effectuer un parcours différent d'autres étudiants en business school. Et à l'heure où le marché du travail se recompose (d'autant plus fortement dans l'ère post-Covid), force est de constater que la singularité est un atout majeur. Grâce à la double compétence, vous vous doterez de multiples atouts et boosterez votre employabilité par la maîtrise de deux champs, la polyvalence et la capacité à travailler en synergie avec des salariés de l'entreprise issus d'autres secteurs (le juriste, l'ingénieur, l'ergonome, etc.).

En contrepartie de cet investissement, vous vous donnerez la chance d'évoluer plus rapidement dans l'entreprise et d'accéder à des postes plus élevés, plus stratégiques. La conséquence de cela est également la possibilité d'exercer un premier emploi avec un salaire supérieur de 10 % par rapport à la moyenne de celui des étudiants de PGE.

Un projet à visée professionnelle

Il est important de rappeler qu'il n'y a pas un parcours idéal ou type lorsque l'on intègre un PGE. Vous pourrez toutefois profiter de l'opportunité de vivre différemment votre cursus en fonction de la maturité de votre projet professionnel et de vos choix personnels. Cela dépendra aussi de votre capacité à profiter des possibilités qui naîtront de votre investissement dans la vie du programme (vie associative, stages, relations avec les alumni, etc.).

De manière certaine, la vision réussie d'un parcours étudiant en business school s'apprécie au moment de la remise du diplôme, si celui-ci constitue bien un ensemble cohérent résultant d'une montée crescendo en compétences et en savoirs spécialisés, et se concrétise lorsque vous obtiendrez votre premier emploi.

Actuellement, moult doubles diplômes intègrent de nouveaux champs comme l'intelligence artificielle, le *big data*, le codage, l'algorithmie.

L'orientation vers un parcours en double compétence nécessite donc, en amont, une prise de recul car, comme tout choix, il conditionnera l'organisation de votre parcours. Il est probable que vous ne puissiez pas vivre pleinement une vie associative, que vous deviez organiser votre année de césure différemment en intégrant le format pédagogique proposé par l'école. Peu importe, dès lors que vous aurez compris et accepté les enjeux et l'impact sur votre vie professionnelle, vous pourrez réfléchir à la combinaison des champs disciplinaires au service d'une meilleure employabilité, qui doit s'adapter aux métiers émergents ou en pleine mutation.

Actuellement, moult doubles diplômes intègrent de nouveaux champs comme l'intelligence artificielle, le *big data*, le codage, l'algorithmie. Ces domaines d'expertise correspondent à un besoin des entreprises d'avoir en leur sein des managers spécialistes de ces disciplines pour accompagner leur projet de transformation.

Pour que cela vous paraisse plus concret, observons ce qui se passe actuellement dans le secteur bancaire. Il est frappant de voir à quel point ce dernier est en pleine mutation, principalement du fait de la révolution des technologies (*blockchain*, intelligence artificielle), de l'évolution de la réglementation, et surtout de la digitalisation du secteur facilitant la percée de nouveaux acteurs via les banques en ligne. Tout cela bouleverse profondément le monde de la banque, remettant en cause certains métiers liés, par exemple, à la gestion administrative (dématérialisation, intégration de chatbots, etc.) ou à la relation client (déploiement d'assistants virtuels). Conformément à la « destruction créatrice » chère à l'économiste Joseph Schumpeter, d'autres métiers vont en contrepartie se développer, par exemple autour de la relation client (pour personnaliser le besoin du consommateur), de la gestion de projet ou encore de la protection des données.

C'est donc un champ des possibles très large qui se découvre, vous offrant de réelles chances de devenir manager dans le secteur bancaire en cette période de mutation. Toutes les cartes sont rebattues et il est indispensable de pouvoir compter sur des collaborateurs ayant une vision systémique et transversale des enjeux naissants, capables d'accompagner les équipes pour acquérir ces nouvelles aptitudes et de dialoguer avec celles et ceux qui ont des compétences techniques récentes. Votre double compétence sera incontestablement un atout fort pour accompagner ces besoins émergents.

Nous avons pris l'exemple de la sphère bancaire mais la révolution est aussi en cours dans d'autres secteurs : la santé, l'éducation, la grande distribution, le droit, etc. Il semble aujourd'hui primordial de prendre conscience de ces enjeux.

Le choix d'un parcours double diplômant est ambitieux. Pour mener à bien ces objectifs jumelés, un gros volume de travail et l'emploi de méthodes efficaces sont nécessaires. Mais, n'est-ce pas la principale caractéristique des étudiants de classes préparatoires que de posséder une forte capacité d'apprentissage et une excellente maîtrise des savoirs préalables, comme les sciences humaines et sociales, pour réussir pleinement dans cet itinéraire singulier ?

Alors, il ne vous reste plus qu'à bien définir vos objectifs et vos préférences pour choisir l'école qui vous permettra d'accéder à l'hybridation des savoirs et des compétences !

Témoignages

Pol-Henry
(emlyon)

“Après une école d'ingénieur, j'ai fait le choix de rejoindre une grande école de management car j'avais hésité en terminale entre prépa scientifique et économique. Aujourd'hui, je ne regrette absolument pas, car cela m'offre la possibilité de gérer des projets de plus grande ampleur avant de créer ma propre entreprise dès que je le pourrai ! ”

Martin
(SKEMA Business School)

“J'ai rejoint un double diplôme en management du droit en plus de mon cursus PGE. Mon ambition est de présenter le barreau et, même si c'est très exigeant, cela m'ouvre déjà la porte à de très beaux stages en cabinet d'avocats. ”

SUBLIMER SON TALENT

Savoir construire un projet professionnel qui vous ressemble

NICOLAS ARNAUD

Directeur du PGE et directeur des programmes à Audencia

x+y
1
2
3
5

CHAPITRE 6

Talent, compétence, profil... de quoi parle-t-on ? En tant qu'individu, nous sommes tous détenteurs de compétences et de talents, qu'ils soient innés ou acquis au gré de notre chemin de vie. Le talent suppose une forme d'excellence qui se matérialise en une différence par rapport aux autres. Il relève donc d'une sorte de singularité, qu'il est possible de cultiver et de valoriser.

Le talent peut se définir comme la synergie d'une combinaison toujours singulière de compétences (savoirs, savoir-faire, savoir-être). Il contribue à construire votre profil dans un processus de recrutement (stage et emploi), c'est-à-dire le portrait « idéal et unique » qu'exprime votre candidature en lien avec un poste pour lequel une entreprise recrute.

En cela, l'une des missions principales des business schools est de favoriser l'identification et la prise de conscience des compétences et des talents des étudiants (c'est-à-dire vous !). En somme, elles doivent agir comme des révélateurs de talents, les sublimer à travers un ensemble de dispositifs, d'actions et de ressources pour vous aider à construire, chemin faisant, votre projet professionnel, et le meilleur profil pour le réaliser.

Naturellement, il vous reviendra, en tant qu'étudiant, de savoir saisir ces opportunités, créées pour vous par les écoles, afin d'agir de manière

responsable et professionnelle. Vous devrez identifier et bâtir votre projet professionnel pour le début de votre carrière, tout en ayant à l'esprit que celle-ci sera plurielle et vous permettra de changer de métier plusieurs fois au gré de vos choix de vie et des portes qui s'ouvriront à vous.

L'« accompagnement carrière » : un monde d'opportunités !

Il existe un ensemble d'outils et de dispositifs très efficaces dont vous pourrez tirer avantage tout au long de votre scolarité en école de management. Ceux-ci sont en effet pensés et déployés pour vous accompagner pas à pas dans la construction et la réalisation de votre projet professionnel.

Les « équipes carrières » des business schools sont composées de professionnels des ressources humaines, de coaches certifiés et de psychologues. Elles accompagnent chaque étudiant dans la réussite de son projet, en France comme à l'international. Chacun est suivi en groupe et en individuel. Il s'agit tout d'abord de travailler sur la prise de conscience de soi (vos motivations, vos valeurs, etc.) et sur l'identification des compétences acquises avant votre entrée en école, lors d'activités extrascolaires, de stages, de jobs, et naturellement pendant votre scolarité. Ensuite, viendra le temps de la définition de vos objectifs et de votre projet, puis celui de la préparation aux entretiens de recrutement. Vous vous mettrez enfin en relation avec le réseau des diplômés et des recruteurs.

La connaissance de soi

Pour être efficace, ces tests de personnalité doivent faire l'objet d'un débriefing individuel avec un expert.

L'enjeu principal de la première année est de déclencher, de manière structurée, votre réflexion quant à ce que vous souhaitez faire de votre expérience en école pour construire votre future carrière professionnelle. Pour cela, divers dispositifs vous seront proposés, certains même imposés.

• **Les tests de personnalité.** MBTI, Papi, Sosie... tous ces outils dits de personnalité sont utilisés tant à visée exploratoire (apprendre à vous connaître) qu'à visée plus confirmatoire : par exemple, dans le cadre d'une simulation de recrutement, ils peuvent aider à mieux comprendre vos réactions et leur adéquation (ou non) avec un poste. Ces outils esquissent, à partir de vos réponses au questionnaire, des traits de personnalité et certaines dispositions comportementales. Le test MBTI vous classe parmi seize profils psychologiques selon quatre dimensions : extraverti/introverti, sensitif/intuitif, penseur/sentimental, jugement/perception. À partir de là, il met en exergue vos caractéristiques plus ou moins analytiques, créatives ou encore relationnelles et vise avant toute chose à identifier vos zones de confort et d'inconfort. Ce test permet donc à la fois de prendre conscience de ces zones et de se projeter sur des métiers et des fonctions en lien avec ses tendances « naturelles ». Pour être efficace, ces tests de personnalité doivent faire l'objet d'un débriefing individuel avec un expert.

• **Les entretiens individuels.** Les entretiens avec un « consultant carrière » (qui peuvent se tenir en anglais) ont pour but d'enclencher une réflexion

> **Ces rencontres avec des professionnels en activité sont particulièrement précieuses durant vos premiers mois en école, mais également au-delà.**

personnelle sur votre projet professionnel, en vous appuyant tant sur vos expériences passées que sur vos valeurs et vos motivations pour tel ou tel environnement. L'idée est de vous « forcer » à réfléchir sur des premières questions, finalement assez larges : dans quelles matières êtes-vous performant ? Lesquelles préférez-vous ? Et plus globalement, quel type d'activité appréciez-vous particulièrement : travailler sur un problème complexe et technique, interagir avec d'autres, créer, etc. ?

• **Les rencontres métiers.** Ces rencontres avec des professionnels en activité sont particulièrement précieuses durant vos premiers mois en école, mais également au-delà. Sachez que la plupart des étudiants ont soit une idée très (trop ?) précise de ce qu'ils veulent faire en arrivant, soit (quasiment) aucune idée. Dans les deux cas, il est judicieux de découvrir le maximum de métiers possible ; laissez-vous surprendre !

• **Les ateliers CV.** Durant cette première année, et dans la perspective de vos premiers stages, il vous faudra apprendre à présenter votre profil selon le ou les stages recherchés. Pour vous y aider, des ateliers de correction de CV et de lettres de motivation vous seront proposés, en français et en anglais. C'est le point de départ de toute recherche de stage et d'emploi. Ne les négligez pas, il est toujours bluffant d'observer l'effet « avant/après » !

L'identification et la construction du projet professionnel

La seconde étape de la construction de votre projet professionnel doit à la fois vous permettre de continuer à découvrir des univers, tout en resserrant un tant soit peu et progressivement les pistes envisagées. Là aussi, plusieurs dispositifs seront mis à votre disposition.

- **Les forums et rencontres entreprises.** Les forums entreprises, souvent nombreux dans la majorité des écoles, constituent une formidable opportunité pour découvrir des centaines d'entreprises, en encore plus de métiers, tout au long de l'année.
- **Les entretiens individuels.** Ponctuels ou suivis dans le temps (type coaching), les entretiens servent à prolonger les premiers échanges afin de resserrer le champ des possibles et d'identifier au sein d'un même secteur (par exemple, la finance) la richesse et la variété des métiers existants (contrôleur de gestion, comptable, expert-comptable, conseiller en fusions-acquisitions, banquier d'affaires, trader, gestionnaire de patrimoine, etc.). Avoir été proactif en amont, lors des forums métiers et des forums entreprises vous permettra de gagner en connaissance et en compréhension de l'environnement, donc en précision sur le poste de vos rêves !
- **Les *International Days*.** Qu'elle soit dédiée ou intégrée, la dimension internationale sera toujours présente dans l'ensemble des dispositifs d'accompagnement mis à votre disposition.
- **Les outils de personnalité.** Les outils que nous avons évoqués précédemment pourront à nouveau être utilisés, mais cette fois-ci plutôt dans l'optique de confirmer tel ou tel choix, lorsque vous êtes en milieu ou en fin

de cursus (par exemple, avant ou pendant l'année de césure en entreprise, voire lors de votre recherche de stage de fin d'études).

- **La simulation d'entretien de recrutement.** Des simulations d'entretiens avec des professionnels des RH, en français ou en anglais, seront également possibles afin de passer de la théorie à la pratique… avant que la pratique n'ait trop d'enjeux pour vous !

La réalisation de votre projet professionnel

Dernière étape de l'« accompagnement carrière » : votre projet est clair, vous avez eu des premières expériences, suivi une spécialisation en cohérence…, il s'agira alors de « transformer l'essai » avant de recevoir votre diplôme et d'entamer votre insertion professionnelle !

Là encore, nos écoles adapteront leurs dispositifs afin de vous y préparer au mieux. Elles mettront en place un certain nombre d'ateliers, de *storytelling* par exemple (afin de vous apprendre à verbaliser efficacement votre parcours en lien avec le poste visé) ou de négociation salariale. Ces derniers vous aideront à négocier votre premier salaire, mais aussi à identifier les grilles de rémunération métier par métier, secteur par secteur, et ce par zones géographiques.

Les *Assessment Centers* (ou centres d'évaluation) sont monnaie courante dans les entreprises, surtout les plus grandes. Les business schools vous présenteront cette méthode, qui soumet le candidat, en une journée ou une demi-journée, à un large panel d'outils de recrutement (entretien individuel, tests de personnalité, études de cas, etc.). Les *Assessment Centers*

comprennent toujours une partie collective, via un entretien ou des études de cas à analyser avec d'autres candidats. À noter que les exercices sont variables d'une filière à une autre. Les entreprises ne testent pas la même chose selon que vous postulez pour devenir consultant en stratégie auditeur ou consultant en banque de marché.

Les écoles vous prépareront aussi aux *Graduate Programs* (GP). Développés ces quinze dernières années par les grandes entreprises pour attirer de jeunes candidats à fort potentiel, ils sont un moyen d'accélérer sa carrière rapidement au sein de l'entreprise. Ces GP sont particulièrement exigeants et comportent aussi des spécificités selon les entreprises et les secteurs d'activité.

Enfin, de plus en plus d'écoles organisent ce que l'on nomme le *mentoring*, en mobilisant leurs diplômés afin d'organiser le partage d'expérience entre les étudiants d'hier et ceux d'aujourd'hui.

Gardez en tête que, dans la plupart des business schools, cet accompagnement reste disponible au-delà de votre vie d'étudiant. Vous pourrez même parfois profiter des expertises et des ressources de votre école tout au long de votre vie active ! De plus, les écoles nouent des partenariats avec des plateformes de recherche de stage et d'emploi orientées étudiants et jeunes diplômés. Elles travaillent par exemple avec JobTeaser qui recense des milliers d'offres. Certains établissements, plus rares, disposent même d'une sorte de « bible des stages » permettant aux membres de leur communauté étudiante d'échanger en direct sur les stages récemment réalisés… avant même d'y candidater !

Les 10 commandements d'un projet professionnel réussi !

1. Refusez tout déterminisme !

À regarder les trajectoires de carrière des étudiants, il est aisé d'affirmer qu'il n'y a pas de déterminisme. Il faut en être convaincu, car c'est une réalité. De la même manière, le hasard n'a que peu de place dans la réalisation d'un projet professionnel qui vous ressemble, c'est-à-dire qui corresponde à vos aspirations et à vos valeurs. Si certains étudiants peuvent a priori sembler bénéficier d'avantages issus de leur réseau ou de leurs expériences passées, vous avez plusieurs années pour faire bouger les lignes... À condition d'être motivé !

2. Développez votre intelligence... comportementale

Sur la base d'une enquête réalisée au sein de deux cents entreprises internationales au tournant des années 2000, le psychologue américain Daniel Goleman a démontré que le QI n'explique que 25 % des réussites professionnelles. Les expériences vécues et l'expertise acquise seraient tout autant – si ce n'est plus – significatives. Selon lui, la réussite professionnelle tiendrait surtout à une dimension jusqu'alors sous-estimée : les émotions, c'est-à-dire l'intelligence comportementale. C'est cette forme d'intelligence qui permet aujourd'hui, dans les entreprises, de distinguer les bons des excellents. Alors, sachez la développer et l'entretenir.

3. Soyez curieux

Avancer dans son projet, c'est aussi savoir ce que vous ne souhaitez pas. Pour cela, il vous faudra saisir chaque opportunité offerte par votre école pour apprendre à vous connaître et découvrir les métiers (même ceux qui paraissent à première vue éloignés de votre projet).

4. Préparez chaque étape

Plus vous préparerez en amont les ateliers, entretiens, simulations, forums..., plus vous profiterez au maximum de ce que nos écoles mettent en place.

5. Développez (tous) vos talents

D'après une enquête menée par un spécialiste du recrutement, Robert

Half, 52 % des DRH accordent au moins autant de valeur aux savoir-être (*soft skills*), qu'aux savoirs et aux savoir-faire (*hard skills*). Cela signifie qu'il ne vous faudra rien négliger : ni les cours, ni les expériences parallèles (stages, engagements associatifs, missions humanitaires, expériences académiques et professionnelles à l'international...). En effet, de l'ensemble de ces expériences, de leur diversité, se construira la singularité de votre profil ! Aussi, il vous faudra réussir à conjuguer, avec talent, vos vies académique, associative (interne ou externe à l'école) et professionnelle... sans oublier votre vie personnelle. Tout compte ! Votre capacité à vivre pleinement toutes ces vies, de manière responsable et équilibrée, apportera de la richesse et de la variété aux compétences que vous allez acquérir, et construira donc votre singularité.

6. Ne séparez pas les cours des stages

L'une des erreurs principales des étudiants consiste à penser que « tout se joue dans les stages » et « rien (ou trop peu) en cours ». C'est un tort. Les pédagogies dans les écoles sont très souvent des équilibres aboutis entre théorie et pratique, entre professeurs et praticiens en activité, entre semestres académiques et stages, entre la France et l'international. Sachez profiter de vos professeurs. Prenez tout ! Ne délaissez rien !

7. Pensez le couple métier/secteur

À leur arrivée, notamment durant l'épreuve d'entretien de motivation d'entrée à l'école, nombre d'étudiants évoquent un projet professionnel dans le luxe, la finance, l'humanitaire, la culture... C'est un élément important, mais qui ne représente au mieux que la moitié de la réponse à votre projet professionnel : quel métier souhaitez-vous exercer au sein d'une entreprise de ce secteur d'activité ? On peut être, par exemple, directeur financier chez L'Oréal, Ford, Google, LVMH... ou dans une ONG, voire dans une business school ! Quelle taille d'entreprise pensez-vous adaptée pour vous (celle d'une start-up, d'une PME, d'une entreprise de taille intermédiaire, d'une multinationale, ou bien... de votre propre entreprise) ? Discuter avec vos professeurs, les diplômés, les représentants d'entreprise, les « consultants carrière » constitue une source précieuse d'information pour construire votre projet professionnel.

8. Cultivez la connaissance de vous-même

Soyez proactif pour apprendre à vous connaître, identifier vos motivations, vos valeurs, vos envies, vos rêves de métier idéal. Il n'y a pas de projet professionnel abouti sans une bonne connaissance de soi. C'est aussi une bonne manière d'être heureux dans votre vie active… donc, souvent aussi, dans votre vie personnelle.

9. Sachez parler de vos expériences

Malheureusement, identifier et acquérir des compétences ne suffit pas. Savoir rédiger un CV et une lettre de motivation percutants non plus. Il vous faudra impérativement apprendre à bien parler de vos expériences, de ce que vous en avez retiré en matière de connaissance de soi et d'acquisition de compétences. Sachez manier les allers-retours entre les expériences et les compétences, n'énoncez jamais une qualité sans exemple empirique à l'appui. Il est également très utile de préparer un *storytelling*, c'est-à-dire votre histoire, en cohérence avec le poste et l'entreprise dans laquelle vous candidatez.

10. Faites connaître vos talents

Les réseaux sociaux sont aujourd'hui des ressources centrales dans le développement de votre carrière. Vous devez savoir valoriser vos spécificités, élaborer votre « *personal branding* » (c'est-à-dire vous « vendre » avec les mêmes techniques qu'une marque) pour vous démarquer et développer votre influence. À ce titre, vous n'échapperez pas à la création d'un compte LinkedIn, que l'on vous apprendra aussi à construire, valoriser, animer et utiliser de manière professionnelle. Il vous restera à y ajouter votre touche de créativité pour vous singulariser ! ■

On ne le dira jamais assez, les business schools constituent des terrains de jeux formidables pour tester, explorer, découvrir, se construire, rencontrer une grande diversité d'individus et apprendre d'eux. Ces expériences s'ajouteront naturellement à ce que vous êtes et à ce que vous avez réalisé avant votre arrivée à l'école. Profitez de tous les dispositifs pour valoriser tout cela afin de vous donner la chance de réaliser votre projet professionnel et, au-delà, votre projet de vie.

Suivre l'actualité et l'évolution des RH : https://www.focusrh.com
Vingt questions pour préparer votre entretien d'embauche :
https://www.cadremploi.fr/editorial/conseils/conseils-candidature/entretien-embauche/detail/article/les-20-questions-les-plus-courantes-en-entretien-dembauche.html
Les quatre tests de personnalité prisés des recruteurs :
https://www.welcometothejungle.com/fr/articles/tests-personnalite-travail-recrutement

Témoignage

Camille
(Audencia/Centrale Nantes)

« J'ai suivi le cursus manager/ingénieur avec Centrale Nantes. Mon école m'a permis de bien identifier les spécificités de mon double cursus en mettant des mots précis et adaptés sur mes doubles compétences, acquises tant en cours qu'en stage. À travers des simulations (entretiens, coaching, *Graduate Program*, études de cas…), individuelles et collectives, je me suis sentie extrêmement préparée lorsque j'ai passé, en vrai, l'ensemble du process de recrutement dans une grande société du secteur des énergies… Une entreprise que j'ai d'ailleurs intégrée ! »

MILITER POUR UN MONDE MEILLEUR

Agir pour le bien commun et s'accomplir dans le cadre de projets académiques et professionnels

ANNE-CLAIRE PACHE

Directrice de la stratégie et de l'engagement sociétal à l'ESSEC

CHAPITRE 7

Réchauffement climatique, augmentation des inégalités, montée des extrémismes, pandémie… De nos jours, les enjeux environnementaux, sociaux et sanitaires sont omniprésents et génèrent leur lot de difficultés et d'inquiétudes. Face à cette réalité, nombreux sont les étudiants en école de commerce qui souhaitent mettre leur énergie et leurs talents au service de l'intérêt général, pour aider à construire un monde meilleur, plus soutenable, plus équitable, plus désirable !

Vous faites peut-être partie de ces étudiants qui souhaitent s'engager dans une vie professionnelle tournée vers « l'impact social positif ». Face à des choix d'orientation parfois angoissants, vous avez peut-être le sentiment qu'il est difficile de se repérer et de trouver sa voie pour devenir un « acteur du changement ».

Alors soyez rassuré ! En faisant le choix d'intégrer une business school, vous vous ouvrez un nombre de portes considérable. Si vous savez tirer parti de toutes les opportunités qui vous seront offertes, vous en sortirez muni de la capacité à faire bouger les lignes en prenant ensuite des responsabilités dans des organisations aux profils très divers. Vous rencontrerez certainement quelques objections et obstacles sur votre route, mais vous

en tirerez sans aucun doute de multiples satisfactions : un sentiment d'utilité, du sens, de la fierté, une cohérence avec vos valeurs...

N'hésitez donc pas à suivre vos intuitions, pour vous épanouir en faisant des choix qui vous correspondent sincèrement et vous permettent d'exprimer vos envies d'engagement ! Voici quelques clés pour y parvenir...

Les business schools, tremplins vers des carrières « à impact »

« Changer le monde », « avoir de l'impact », « donner du sens à son métier »... Vous êtes nombreux à avoir ces envies. Voici un tour d'horizon (non exhaustif !) des débouchés possibles et de l'offre académique en business school pour vous y préparer au mieux.

Opter pour un métier à vocation sociale ou environnementale

La première catégorie de débouchés correspond aux métiers en lien avec les enjeux sociaux ou environnementaux. Vous pourrez les exercer dans des entreprises dont la finalité première est lucrative. Toutes les grosses structures comptent désormais des équipes en charge de la politique RSE (Responsabilité sociétale des entreprises), du développement durable et/ou du mécénat. Elles ont pour but d'améliorer les pratiques sociales et environnementales de l'entreprise, de réduire les impacts négatifs de son activité, de gérer sa transition vers des modèles économiques plus vertueux... Avec la prise en compte progressive de ces problématiques en entreprise, de nombreuses fonctions se développent : les chargés des « achats responsables », les chargés de mission « diversité et inclusion » dans les départements RH, les collaborateurs s'occupant de la comptabilité environnementale et de la performance sociétale dans les directions financières, les chargés de mécénat dans les fondations...

De plus en plus d'étudiants diplômés de business school font le choix de rejoindre des associations, ONG, fondations, mutuelles ou coopératives.

Si vous préférez miser sur une organisation dont la finalité même est de s'attaquer à un problème social ou environnemental, il existe là aussi de nombreuses options possibles. Dans tous les secteurs économiques, certaines entreprises se démarquent par leur démarche volontariste : commerce équitable, production locale et en circuit court, seconde main, services à destination de publics fragilisés, etc. Vous pouvez aussi rejoindre un cabinet de conseil en développement durable ou en RSE, dont le but est de faire évoluer ses entreprises clientes vers une meilleure prise en considération de leurs enjeux socio-environnementaux.

La finance responsable est également un domaine en plein essor, que ce soit via les fonds spécialisés dans l'investissement à impact au sein de grandes banques ayant développé des activités spécifiques pour financer l'économie sociale, mais aussi les instituts de microfinance ou encore les structures publiques en charge de financer l'innovation (BPI France).

De plus en plus d'étudiants diplômés de business school font par ailleurs le choix de rejoindre des associations, ONG, fondations, mutuelles

ou coopératives, par nature non lucratives, qui inscrivent leur mission sociale ou environnementale au cœur de leur organisation. Vous pourriez y gérer la commercialisation, la communication, le développement produit ou les ressources humaines : tous les postes permettent d’œuvrer au projet sociétal de la structure !

Rejoindre le secteur public

Les écoles de management sont loin d’être incompatibles avec une carrière dans le secteur public. Là encore, il existe de multiples possibilités pour s’engager, et ce à tous les échelons (local, régional, national ou international). Vous pourrez rejoindre une structure publique ou semi-publique dans laquelle les compétences de gestion sont recherchées : par exemple, être chargé de mission sur les sujets de transition écologique au sein d’une mairie ou d’une communauté de communes, travailler pour l’Agence de la transition écologique (ADEME), rejoindre l’Agence française de développement, travailler pour l’ONU (le World Food Program ou l’UN Environment Program), etc.

Mais vous pourrez aussi vous lancer en politique : ainsi, de nombreux députés sont issus d’écoles de commerce (en 2017, ils étaient 46 à l’Assemblée, sur 577)… tout comme certains ministres et même certains présidents de la République (François Hollande est diplômé d’HEC). Vous êtes prévenu, le champ des possibles est ouvert !

Oser l'entrepreneuriat ou l'intrapreneuriat « à impact »

Chacun d'entre vous peut devenir un acteur du changement.

Si aucun projet ne vous parle totalement, si vous n'avez pas envie de rejoindre une structure existante, si vous vous sentez l'âme d'un entrepreneur, alors lancez-vous dans l'entrepreneuriat à impact !

Cette option attire de plus en plus de jeunes et les écoles de management offrent le cadre idéal pour apprendre à créer et à gérer une entreprise… donc pour se lancer dans la création d'une organisation « à impact » que vous pourrez façonner à votre image et mettre au service de votre envie d'engagement et des causes qui vous tiennent à cœur ! Certaines écoles ont déployé des initiatives spécifiques pour l'entrepreneuriat « à impact » : SKEMA Business School a lancé en 2019 le SKEMA Social Ventures Lab pour faciliter la formation à l'entrepreneuriat social en s'appuyant sur la recherche appliquée de l'école ; l'ESSEC a quant à elle créé en 2008 l'accélérateur d'entreprises sociales Antropia. Il existe par ailleurs de nombreuses associations étudiantes dans lesquelles vous pourrez développer des projets entrepreneuriaux (par exemple, le réseau Enactus). Vous pourrez également participer à des concours français ou internationaux qui récompensent des projets « à impact » (tel le MIT Solve).

Au-delà d'un projet entrepreneurial, chacun d'entre vous peut devenir un acteur du changement. Il suffit de questionner les décisions et les activités de votre entreprise, quelle qu'elle soit, en faisant appel à votre esprit critique et à votre sensibilité personnelle face aux enjeux de notre époque, pour faire bouger les lignes. C'est possible dans le cadre de chaque poste,

Les business schools offrent divers parcours académiques pour préparer leurs étudiants aux métiers « à impact ».

au sein de n'importe quelle société ! D'ailleurs, si vous allez jusqu'à mener, au sein de votre organisation, des projets qui œuvrent à sa transformation, cela fera de vous des « intrapreneurs à impact » !

Se préparer à ces carrières « à impact » en business school

L'un ou plusieurs de ces chemins vous attirent, et vous vous demandez quels choix faire pendant votre cursus en école de management pour vous y préparer au mieux ? Les business schools offrent divers parcours académiques pour préparer leurs étudiants aux métiers « à impact ». Certaines sont plus engagées que d'autres sur ces sujets. Il sera important de bien vous renseigner pour faire des choix éclairés au moment où vous déciderez quelle école rejoindre.

La première étape est de repérer les cours traitant des enjeux environnementaux et sociaux dans les écoles de management. Attention : les thématiques varient de l'une à l'autre ! Regardez si les cours sur ces sujets sont optionnels ou obligatoires, ainsi que le volume d'heures qu'ils représentent. Selon le poids que vous voulez donner à ces enseignements dans votre parcours, soyez attentif aux modalités pédagogiques proposées par les écoles.

Certaines disposent de spécialisations dans le cadre de chaires (en entrepreneuriat social) ; il existe des masters of science (MSc) en finance durable ou en « *sustainability* ». Pensez aussi aux doubles diplômes, car une approche pluridisciplinaire peut être une manière très riche pour vous préparer au mieux à une carrière « à impact ».

D'ailleurs, si vous souhaitez approfondir des thématiques spécifiques ou acquérir d'autres compétences en lien avec les enjeux sociétaux, il sera toujours possible de compléter votre master en management par une autre formation : master en environnement, master en sciences politiques (IEP, ENA), master en sciences sociales (philosophie, psychologie, ethnologie…) en France ou à l'étranger.

Les business schools mettent également à votre disposition de nombreuses ressources, au-delà du cursus académique, qui peuvent vous nourrir et vous inspirer : ressources bibliographiques, MOOCs (*massive open online courses*), conférences… et n'oubliez pas les « ressources humaines » – vos professeurs et les intervenants en cours sont des interlocuteurs de choix !

Enfin, il est important de souligner que les enseignements généralistes dispensés en école vous permettent de disposer d'un ensemble complet de connaissances, de savoir-faire, de savoir-être et d'outils pour imaginer, développer et gérer une activité dans toute sa complexité… Or, ce sont autant de compétences indispensables si vous souhaitez mettre votre parcours au service d'un « monde meilleur ». Car il faut bien garder à l'esprit que gérer une organisation qui a du sens et qui entend avoir un impact positif sur le monde, c'est avant tout… gérer une organisation !

Les obstacles sur la route des carrières « à impact »

S'engager en faveur d'un monde meilleur, c'est faire un choix singulier, qui peut être mal compris par votre entourage, et qui peut sembler très risqué... ou pas assez rémunérateur. Toutes ces craintes et interrogations sont légitimes et très fréquentes. Essayons de répondre aux questions les plus récurrentes.

Que vont en penser mes proches ?

Votre famille, vos amis souhaitent évidemment que vous vous épanouissiez et que vous trouviez votre place dans le monde professionnel, mais ils s'inquiètent aussi parfois pour votre sécurité, vos opportunités futures, voire votre « statut social ». À ce titre, ils peuvent se montrer réticents à vous encourager dans le choix d'une orientation vers des métiers « à impact ».

Nos conseils ? Faites de la pédagogie ! Expliquez vos choix, en quoi ils vous correspondent vraiment et résonnent avec vos aspirations. Rassurez vos proches en vous appuyant sur des exemples concrets de jeunes ou de moins jeunes diplômés, et faites circuler ce livre dans votre famille pour montrer à tout le monde la réalité et la diversité des débouchés !

Entourez-vous de personnes qui comprennent votre engagement, qui vous soutiennent et vous donnent de l'énergie et de la motivation pour agir. Les associations étudiantes ou les filières de spécialisation peuvent être des plateformes puissantes pour rencontrer des étudiants qui partagent les mêmes valeurs et centres d'intérêt que vous. Grâce à leur soutien moral, pratique et professionnel, vous vous sentirez moins seul, et davantage capable de dépasser vos moments de doute ou de difficulté.

Vais-je pouvoir m'assumer financièrement ?

Choisir une carrière « à impact », c'est souvent faire le choix d'une rémunération qui ne sera pas forcément aussi élevée que celle de vos camarades qui opteront pour la voie de la finance ou du conseil en stratégie. Si « l'argent ne fait pas le bonheur », ces questions financières n'en sont pas moins présentes dans la tête des étudiants en école au moment de faire des choix d'orientation.

Les carrières en entreprise dans les métiers liés à la RSE, au conseil en développement durable ou encore à la finance durable permettent d'échapper à ce type de questionnement car les rémunérations y sont proches des salaires moyens offerts aux diplômés d'écoles de commerce. Le sujet est en revanche plus présent pour celles et ceux qui souhaitent s'engager dans le secteur de l'économie sociale et solidaire ou dans l'entrepreneuriat social. Les modèles économiques de ces organisations sont tels qu'il est fréquent qu'elles offrent des salaires en deçà de la moyenne des rémunérations des diplômés de business schools. Vous pouvez considérer que l'intérêt de ces missions et le sentiment d'utilité qu'elles procurent compensent largement une rémunération moindre. Et soyez aussi conscient que ces structures sont propices à des évolutions rapides vers de plus hauts niveaux de responsabilité, ce qui peut être un puissant accélérateur de carrière !

Si vous décidez de vous engager au service de l'intérêt général, il peut être intéressant de creuser cette question de la rémunération – car il est probable qu'elle vous rattrape si vous la mettez de côté ! Définissez vos besoins le plus lucidement possible : avez-vous un prêt à rembourser, êtes-vous soutien de famille, quel est le montant moyen de vos charges ? Réfléchissez à vos aspirations salariales : quelle est la fourchette qui vous semblerait juste compte tenu de votre valeur et de vos besoins ? Très concrètement, déterminez ensuite quels seraient votre salaire « de confort » et le salaire plancher en dessous duquel vous ne pourrez descendre. Et n'oubliez pas que vous êtes en droit d'entamer une négociation salariale avec votre (futur) employeur, même si cette structure œuvre pour l'intérêt général !

Sur ce sujet de la rémunération, il n'y a évidemment pas de réponse standard car tout dépend du contexte, de l'histoire et des aspirations de chacun. Pensez-y toutefois en amont afin d'anticiper d'éventuelles difficultés et d'éviter de potentielles frustrations.

Une telle expérience va-t-elle m'enfermer dans le monde de « l'intérêt général » ?

Les parcours professionnels sont aujourd'hui de plus en plus diversifiés : loin de vous dévaloriser, une expérience au service de l'intérêt général peut au contraire venir renforcer votre CV. Les compétences que vous y aurez acquises et les responsabilités que vous aurez exercées sont très recherchées par les entreprises : agilité, faculté d'adaptation, capacités entrepreneuriales, ouverture au monde, faculté à appréhender la complexité et la diversité, aptitude à dialoguer avec une variété de parties prenantes, connaissances des enjeux environnementaux et sociaux... Les personnes capables de les saisir, d'en avoir une vision concrète et de les traduire en actions pour les entreprises sont de plus en plus convoitées !

Loin de vous dévaloriser, une expérience au service de l'intérêt général peut venir renforcer votre CV.

De façon plus générale, tout parcours professionnel (et personnel) se construit : il n'y a donc pas de mauvais choix, dès lors que vous savez pourquoi vous le faites au moment où vous le faites ! Et si vous vous rendez compte qu'une voie ne vous convient pas, votre diplôme vous offrira la chance de facilement vous réorienter : c'est là une des grandes forces des diplômes de management ! Vous n'êtes pas enfermé dans une case. Si vous choisissez de débuter par une expérience de terrain pour une ONG, vous pourrez demain vous tourner vers le conseil ou les ressources humaines. À vous de repérer ce qui dans votre expérience passée va pouvoir être mis au service de votre expérience à venir !

Que ce soit par la connaissance du terrain, par le réseau que vous aurez constitué, par les compétences que vous aurez développées, par les responsabilités que vous aurez endossées, vous aurez sans aucun doute beaucoup de choses à faire valoir, notamment par rapport à d'autres candidats aux parcours plus classiques. Il n'y a donc aucune fatalité à rejoindre un secteur plutôt qu'un autre et aucun chemin à suivre a priori pour réussir son engagement.

Pour construire le chemin qui fera sens pour vous, nous vous recommandons de faire de vos années d'école un terrain d'expérimentation. Profitez de vos stages, de vos échanges universitaires, de votre année de césure ou de toute opportunité offerte pendant vos études pour affiner vos appétences, découvrir vos compétences et tester des secteurs d'activité et des types d'organisation différents pour commencer à mieux cerner ce qui vous plaît. Et si vous vous trompez, eh bien : bravo ! Vive l'échec... Il vous permettra de mieux vous connaître et de faire ensuite d'autres choix qui vous conviendront davantage.

Il y a autant de façons de s'engager qu'il y a de personnes qui décident de s'engager... Il n'existe aucun parcours idéal ou préétabli : chacun doit chercher et construire sa propre voie ! Si les métiers « à impact » vous intéressent, faites un travail d'introspection pour apprendre à vous connaître, identifiez ce qui est important pour vous et ce qui vous rend heureux, déterminez quels sont vos forces et vos points de fragilité, repérez les valeurs que vous avez envie de porter dans votre quotidien... La richesse d'un tel exercice vous permettra de prendre des décisions éclairées, non pas en fonction de facteurs extérieurs, mais selon vos aspirations profondes. Vous ferez donc des choix qui vous seront propres et qui vous correspondront véritablement. Sachez écouter et suivre votre intuition : c'est un outil puissant pour vous orienter au mieux.

En tout état de cause, si vous avez envie de mettre votre carrière au service de l'intérêt général, sachez que les business schools sont des plateformes formidables vers de multiples carrières qui peuvent contribuer à construire un monde meilleur. Alors, engagez-vous, préparez-vous au mieux pendant votre cursus en école, entourez-vous des personnes qui sauront vous soutenir, vous accompagner et vous conseiller, et surtout : faites-vous confiance et lancez-vous ! Car, comme le disait Sénèque : « Ce n'est pas parce que les choses sont difficiles que nous n'osons pas, c'est parce que nous n'osons pas qu'elles sont difficiles. »

Toutes les ressources de l'ESSEC sur les activités à impact :
http://www.impactinitiative.essec.edu/
Quelques salons spécialisés pour accompagner votre démarche d'engagement :

- https://www.changenow-summit.com/
- https://www.convergences.org/forum-mondial/
- https://www.produrable.com/
- https://www.impact2.eu/

Les sites pour vous aider à trouver un métier qui a du sens :

- https://jobs.makesense.org/
- http://orientationdurable.com/
- https://www.fuyonsladefense.com/
- http://jobforchange.org/jobs/
- http://www.greenjob.fr/

Témoignage

Maud
(Diplômée de l'ESSEC en 2017)

“Convaincue dès mon entrée à l'ESSEC de l'importance de traiter les enjeux environnementaux et sociaux actuels, j'ai orienté mon parcours afin de me préparer au mieux à une carrière au service de ces enjeux. J'ai ainsi suivi la chaire « entrepreneuriat social » qui m'a apporté un solide socle de connaissances ainsi qu'un réseau très dense dans le secteur de l'économie sociale. À ma sortie d'école, j'ai rejoint le cabinet de conseil en développement durable GreenFlex, en tant que consultante. Ce poste me permet de découvrir une diversité d'entreprises et de secteurs dans un quotidien très stimulant, au service de la transition des entreprises que nous accompagnons. La prochaine étape ? Peut-être passer côté client en rejoignant le département « développement durable » d'une grosse entreprise, ou une structure qui porte en son cœur la volonté de minimiser le plus possible son impact environnemental... Les possibilités sont multiples et dépendront des opportunités et des rencontres !”

TRAVAILLER EN ÉQUIPE

Découvrir la pédagogie du collectif, où l'on apprend « par les autres et avec les autres »

THIERRY PICQ

Professeur à emlyon

CHAPITRE 8

« L'enfer, c'est les autres », disait Sartre... Ce propos célèbre n'est certainement pas la vision la plus optimiste et encourageante qui soit du travail collaboratif, mais c'est peut-être le constat que vous ferez, lors de vos premières semaines en école de commerce. Que vous veniez d'une classe préparatoire ou de l'université, vous avez plutôt été habitué à travailler seul : apprendre des leçons, écouter en classe, rédiger une note de lecture, passer un examen... Et quand vous cherchiez à discuter et à partager vos connaissances avec d'autres, on vous rappelait qu'il était « interdit de bavarder en classe et de copier sur son voisin » !

En effet, notre modèle éducatif a toujours privilégié une approche individualiste, voire compétitive. Vos notes sont uniquement les vôtres, dans une logique de concours. Vous avez toujours beaucoup travaillé pour qu'elles soient meilleures que celles des autres, soit parce qu'il s'agit d'être mieux classé qu'eux pour accéder à l'école ou au parcours de vos rêves, soit tout simplement par fierté et reconnaissance personnelle ou familiale.

Préparez-vous : votre vie va changer ! Les études supérieures dans les écoles de commerce sont basées sur le principe inverse : apprendre à travailler en équipe est une compétence critique, tout simplement parce que

les entreprises l'exigent. Le monde du travail nécessite de savoir collaborer, avancer à plusieurs, échanger des ressources, négocier, débattre, prendre des décisions collectivement. Il ne suffit pas d'être un expert dans son domaine, il faut désormais savoir combiner ses connaissances avec celles des autres, pour réaliser une action collective qu'aucun ne pourrait mener tout seul.

Travailler en équipe, ça s'apprend ! C'est en tout cas le postulat de base sur lequel les pédagogies des grandes écoles sont construites. Vous ne serez plus jamais seul. De nombreuses activités vous permettront de développer ce sens du collectif et de prouver à votre futur employeur que vous êtes un vrai *team player* !

Vive le collectif et le travail en équipe !

Fini les cours magistraux purs, où votre unique mission est d'écouter parler un enseignant et de prendre des notes. Il y a d'excellents livres ou supports digitaux (les MOOCs par exemple) pour vous permettre d'acquérir une connaissance théorique de base. En business school, la classe devient un terrain de jeu propice aux applications, aux expérimentations, aux interactions et aux constructions collectives.

Le travail d'équipe en classe

Les écoles intègrent explicitement à leurs objectifs le développement chez leurs étudiants de compétences en matière de travail collaboratif.

Aussi, les occasions ne manqueront pas d'expérimenter cet enseignement en équipe.

• **Les interactions pendant le cours :** la quasi-totalité des cours est au minimum interactive. On vous demandera de participer, de poser des questions, de donner votre avis, de compléter ou de débattre avec vos camarades, donc de produire une pensée collective allant plus loin que l'apport de l'enseignant *stricto sensu*.

• **Les études de cas, simulations et *serious games* :** la plupart du temps, vous aurez en classe des exercices et des travaux dirigés à réaliser par petits groupes. Parfois, les supports de cours seront des simulations ou des jeux en équipe. Par exemple, on vous demandera de simuler la gestion d'une entreprise, de piloter son activité en vous répartissant des rôles – financier, marketing manager, RH, responsable production… – et d'atteindre ensemble une performance collective.

• **Les travaux intersession et les présentations :** les présentations collectives à préparer entre les cours sont un standard dans les écoles de commerce. Elles peuvent porter sur des revues de littérature, des études de cas, des concepts à travailler par vous-même et à faire découvrir à vos camarades ou même des projets de groupe.

• **La pédagogie basée sur les projets :** projets de création d'entreprise, fictifs ou réels, projets de fin d'études, missions pour une entreprise… sont également monnaie courante en business school. Ce modèle présuppose que l'on apprend « en faisant », aux côtés du professeur qui joue plutôt un rôle d'accompagnateur et de coach. Cette méthode est complétée par une pédagogie basée sur l'expérience, au cours de laquelle des étudiants vivent ensemble des situations un peu exceptionnelles : visites d'entreprises,

Cette pédagogie, qui place le collectif au centre, modifie les modes d'évaluation traditionnels.

learning expeditions, *bootcamp* de création d'entreprise, ou encore courts stages dans une école militaire...

Cette pédagogie, qui place le collectif au centre, modifie les modes d'évaluation traditionnels. Fini les contrôles de connaissances individuels, sur table et en temps contraint, qui ne permettent pas d'estimer les compétences acquises sur le terrain. Les méthodes d'évaluation incluent donc toujours une partie collective (pour 50 % de la note finale le plus souvent), basée sur la qualité des productions d'équipe mais aussi sur celle de la dynamique de groupe, observée par le prof-tuteur. Des méthodes de *peer evaluation* se généralisent également ; chaque étudiant devant alors donner sa perception des contributions de ses coéquipiers. Une façon d'identifier les passagers clandestins. Cette pratique est répandue en entreprise (sous le nom de *360° feed back*), où l'on interroge même les autres services, voire le client, sur la performance ou le comportement de chaque collaborateur.

Jouer collectif en dehors de la classe

Au-delà de ces dispositifs pédagogiques « officiels », un parcours en business school donne l'opportunité, à ceux qui veulent bien la saisir, de développer ce savoir-faire de manière plus « officieuse » et informelle, en dehors du cadre strictement scolaire.

L'incontournable engagement associatif, proposé dans de nombreuses écoles, vous offrira par exemple une expérience quasi professionnelle de gestion collective d'une activité complète. La situation est d'autant plus complexe que les étudiants sont bénévoles, donc non rémunérés, et que les leviers classiques de sanction en cas de désaccord, faute ou conflit, sont plus difficiles à mobiliser.

Enfin, à l'initiative des étudiants eux-mêmes, de plus en plus de projets collectifs non pédagogiques sont organisés : humanitaire, engagement social, sans oublier les soirées, les événements sportifs et festifs, les rencontres, les réseaux d'alumni... Tous sont des occasions en or de développer des relations professionnelles et personnelles et d'alimenter un sentiment d'appartenance à un collectif, à une communauté.

Qu'apprend-on de ces mises en situations ?

En pratiquant ces activités collectives, vous allez acquérir des compétences qui sont des leviers importants de votre employabilité future.

- **La capacité à vous ouvrir à l'altérité.** Le monde du travail est de plus en plus ouvert, à la fois du fait de la globalisation des affaires, mais également de la multiplication de modèles organisationnels basés sur les partenariats, les collaborations et les échanges interentreprises. Toutes les situations du type séjours à l'étranger, échanges académiques, groupes de travail associant des étudiants de campus situés dans différents pays sont des opportunités de vous ouvrir au monde et aux autres cultures. Mais l'altérité peut aussi être disciplinaire. Certains programmes en business school accueillent des profils très variés : des ingénieurs, des pharmaciens,

des juristes, des *data scientists* (ou responsables de la gestion et de l'analyse des données), des littéraires... Toute école doit être ouverte aux intelligences multiples, qui gagnent en richesse lorsqu'elles se croisent. Cette sensibilité est très importante en entreprise, où vous aurez à composer avec des expertises parfois très pointues, à collaborer avec de multiples professionnels en ayant à l'esprit la nécessité d'établir un climat de compréhension mutuelle.

• **La capacité à mieux se connaître.** Voyager dans des pays aux cultures éloignées permet souvent de mieux comprendre la sienne. De la même manière, ces expériences de travail collectif et d'ouverture aux autres vous aideront à vous connaître. C'est la confrontation avec l'altérité qui permet de mieux identifier ses propres préférences et modes de fonctionnement. Le même constat s'applique à la définition du projet professionnel. C'est au travers de l'effet miroir de l'expérience des autres que vous allez progressivement définir vos contextes préférés pour une future carrière.

• **La capacité à agir et à piloter.** Enfin, vous allez expérimenter une situation de plus en plus fréquente dans les entreprises : le management en mode non hiérarchique. En effet, tous les étudiants se situent sur un pied d'égalité. La capacité à piloter un groupe sans disposer des attributs du pouvoir (comme la rémunération, la progression de carrière, la sanction pour fautes, etc.) est un vrai atout pour ceux qui la maîtrisent, dans un contexte où les modèles organisationnels des entreprises passent du château au réseau, en privilégiant le mode projet, la transversalité intermétiers, le travail collaboratif et le management horizontal.

Attention toutefois, le travail d'équipe présente également une face plus sombre, avec des travers dans lesquels il est facile de se fourvoyer et de perdre le potentiel que peut offrir un collectif.

Les risques et les dangers de l'équipe

Les lignes qui vont suivre font largement appel à la psychologie sociale, dont l'objet d'étude est la compréhension des interactions sociales au sein d'un groupe. Une abondante littérature, soutenue par de nombreuses recherches expérimentales, propose des clés de lecture, des grilles de compréhension et des leviers d'action utiles pour les managers. Exercez-vous au moins à les observer pendant votre parcours de formation en business school.

L'effet de halo

C'est un biais cognitif qui affecte la perception que l'on a d'une personne quand on fait une interprétation sélective des premiers signaux que l'on perçoit d'elle. On a, par exemple, tendance à donner trop de poids à une caractéristique que l'on juge positive : l'apparence physique, l'école d'origine, ou tout autre chose encore. Une conséquence de l'effet de halo pourrait être de préférer travailler avec des personnes qui vous ressemblent (issues de la même prépa, de la même ville...), en supposant que ces attributs communs (auxquels vous conférez trop d'importance) vont vous permettre de mieux collaborer.

La pensée de groupe, ou l'effet Janis

L'effet Janis est la conséquence directe du biais cognitif précédent. Dans l'histoire, les exemples de tragiques erreurs de décision dues à la pensée de groupe abondent. Elles sont prises par un groupe tellement homogène et soudé que ses membres tendent à se rallier à des propositions faisant l'unanimité, au détriment de l'étude d'options alternatives. Pour qu'un groupe homogène évite les dangers de l'effet Janis, il faut combatte le conformisme, écouter les divergences et discuter des arguments neufs ainsi que des solutions originales.

L'effet « brebis galeuse »

La richesse potentielle issue de la confrontation des points de vue différents est malheureusement souvent freinée par l'effet « brebis galeuse ». Celui-ci s'observe lorsqu'un membre du groupe apparaît trop en décalage ou se démarque des normes qui définissent l'appartenance à un collectif.

Bien sûr, les conséquences pour les individus devenant des souffre-douleur peuvent être graves (ils peuvent subir un véritable harcèlement), mais elles sont aussi dommageables pour le groupe lui-même. Le risque est alors qu'il se transforme en un automate de la pensée unique ou, pire encore, en une machine à discriminer. En se repliant ainsi sur lui-même, il perd évidemment des occasions de s'enrichir, de voir les sujets autrement.

La paresse sociale

La paresse sociale est un travers fréquent du travail en équipe. Il s'agit d'une tendance naturelle, dans un projet collectif, à réaliser moins d'effort dans une tâche lorsqu'elle relève d'un effort personnel non identifiable au sein d'un travail de groupe, plutôt que lorsqu'elle est exécutée individuellement. Chacun, plus ou moins consciemment, se repose sur les autres. Le meilleur moyen de contrer ce phénomène est de responsabiliser les membres de l'équipe sur des tâches précises, avec un planning bien identifié.

Le mode additif

Un autre dysfonctionnement est celui de l'organisation en mode additif, basé sur la juxtaposition des contributions de chacun. Vous avez un exposé en trois parties à produire ? Chacun prend une partie et la juxtaposition de ces parties fera une bonne restitution. Certes, vous vous simplifiez la vie et allez sans doute plus vite, mais, en suivant ce modèle, vous perdez tout l'intérêt du travail en équipe : le débat, la confrontation des points de vue, la création d'interdépendance et l'apprentissage d'une construction collective, consommatrice de temps et d'énergie, mais potentiellement plus riche que la somme des apports de chacun. N'oubliez pas, c'est le processus d'apprentissage qui compte dans une école, plus que le résultat.

Le passager clandestin

Certains étudiants savent très bien se nourrir des efforts des autres sans s'épuiser à la tâche, ni même parfois participer aux efforts collectifs. En clair, il s'agit de celui ou de celle que vous n'avez pas vu pendant tout le projet et qui réapparaît la veille de la présentation ! Le passager clandestin (ou *free rider*) n'est pas rare et s'avère difficile à gérer dans une équipe non hiérarchique. La bonne posture est d'alerter l'individu et le groupe le plus en amont possible, dès les premiers signaux (absence aux premières réunions, faible contribution…). Plus le temps passera, plus le retour en arrière sera délicat.

L'excès de confiance et l'illusion

« L'illusion de savoir » consiste à se fier à des croyances erronées pour appréhender une réalité, sans chercher à recueillir d'autres informations. La situation est jugée à tort comme étant similaire à d'autres situations connues, et la personne réagit de la façon habituelle. L'excès de confiance est un phénomène dans lequel un individu a tendance à surestimer ses capacités. Des études montrent d'ailleurs que plus de la moitié des gens estiment avoir une intelligence supérieure à la moyenne… Dans un groupe, ces deux biais individuels se renforcent et créent une « illusion groupale », sorte d'aveuglement collectif qui donne un sentiment de surpuissance, tend à faire croire au groupe qu'il est sur la bonne voie et travaille bien, et freine tout esprit critique ou information extérieure qui y irait à l'encontre de cette croyance.

De nombreux autres biais cognitifs existent, mais vous avez là un aperçu des plus fréquemment observés dans des groupes de travail étudiants. Ne vous en faites pas, nous sommes tous biaisés, individuellement et collectivement ! Plus vous serez capable de repérer ces phénomènes et de proposer des actions simples de dialogue, de questionnement et de prise de recul, plus vous deviendrez habile pour gérer ces situations, et plus votre profil prendra de la valeur !

Les principaux leviers d'action pour bien travailler en équipe

Vous l'avez compris, l'équipe peut être votre meilleure amie comme votre pire ennemie. Tout dépend des dynamiques qui s'y instaurent. Celles-ci ne sont pas inéluctables : maintenant que vous en connaissez certaines, à vous de jouer pour les repérer, les éviter et contribuer à mettre en œuvre un état d'esprit collectif constructif.

Comment faire concrètement ? Sur quels leviers agir ? Quels sont les moyens à votre disposition ? Parmi l'ensemble des facteurs clés de succès qui favorisent la performance d'un groupe (et ils sont très nombreux dans l'absolu tant les réalités sont diverses), listons-en sept qui paraissent bien adaptés à des situations que vous allez rencontrer en tant qu'étudiant.

Un objectif clair et partagé

Cela semble une évidence, mais vous allez vous apercevoir que, très souvent, la consigne, mission ou activité qui vous réunit est comprise de façon différente par les uns et les autres.

Lors d'un exercice de création d'un projet d'entreprise, par exemple, assurez-vous que tout le monde soit bien calé sur l'objectif et le travail à réaliser : faut-il juste imaginer un produit ou un service ? Et avec quel degré de précision ? Ou bien faut-il déjà traduire l'idée sous forme de prototype technique, de segment de marché ? Faut-il aller jusqu'à produire un business plan ? Sur combien d'années ?

Rassurez-vous, la plupart du temps, les objectifs seront bien cadrés par vos professeurs, mais ce n'est pas parce qu'on vous a donné une consigne qui vous paraît claire qu'elle est pour autant comprise de la même façon par tous. Prenez donc un peu de temps au démarrage pour reformuler l'objectif commun, vous assurer qu'il n'y a pas d'ambiguïtés ou d'erreurs d'interprétation et rédiger cette formulation commune. Vous aurez ainsi réalisé la première production tangible, collective et donc fondatrice de votre équipe !

Des compétences adaptées

Pas de bonnes équipes sans bons joueurs ! Il faut évidemment vous assurer que vous disposez, dans votre groupe, des compétences nécessaires pour répondre au problème posé : un étudiant qui a un peu de connaissances en finance pourra rédiger un business plan, un autre qui a suivi un cours de marketing saura segmenter un marché, un geek pourra programmer un prototype d'application, ou encore, tout simplement, le pro de PowerPoint réalisera une présentation efficace !

Très souvent, vous n'aurez cependant pas, dans votre équipe, de ressources pour couvrir toutes les compétences nécessaires. À la différence de l'entreprise, où l'on s'assure de la présence des bons experts avant de lancer un projet, vous êtes dans un contexte éducatif où apprendre est aussi important que de produire. Et vous serez confronté à des situations où personne ne maîtrisera vraiment le sujet. Voilà une belle opportunité d'apprendre ensemble !

Une organisation adaptée

Les projets étudiants sont généralement de courte durée : quelques semaines le temps d'un cours, et rarement plus d'un semestre. Cela ne signifie pas que vous n'avez pas besoin de vous organiser. Un projet a un début et une fin, un « livrable » à rendre, des étapes à passer. Méfiez-vous du « syndrome de l'étudiant » : ne rien faire au début et vous retrouver le vendredi soir avec toute l'activité à rendre pour... le lundi matin.

L'autre dimension de l'organisation de l'équipe porte sur le « qui fait quoi ». Comment vous répartir les tâches ? On a vu le risque d'une trop grande spécialisation (Paul fait la partie 1, Marie la partie 2 et Jean la partie 3, ou alors Paul s'occupe de la finance, Marie du marketing, Jean de la présentation...). Cela débouche généralement sur un travail cloisonné. Or, tout faire tout le temps ensemble et multiplier les réunions est très chronophage, donc improductif. Il y a un juste milieu à trouver entre spécialisation et coordination, en fonction de la tâche que vous avez à réaliser. Quels sont vos rendez-vous d'équipe ? À quels moments les fixer ? Pour faire quoi ? En face à face, ou en distanciel ? Et qui prépare quoi avant ces réunions ? Ne pas partager ces questions en équipe est une source d'échec très fréquente.

Le bon niveau de diversité

Prenez bien le temps de tirer profit de la diversité potentielle de votre équipe. Ne tombez pas dans le piège de la facilité : aller au plus vite, ne pas faire d'efforts, rechercher la sécurité auprès de vos amis... Acceptez de perdre du temps au début, pour en gagner par la suite. Cependant, trop de diversité risque de compliquer l'organisation et la communication au sein du groupe. Là aussi, il convient d'instaurer un bon équilibre entre une certaine homogénéité des profils et une nécessaire ouverture pour ne pas accentuer l'entre-soi.

Une communication libérée

Les équipes qui réussissent sont celles dont les membres communiquent, échangent, débattent, se confrontent. Dans une situation de passager clandestin, que faites-vous ? Attendre que ça passe au risque d'être frustré ou bien aborder directement le sujet avec ce camarade que vous ne voyez jamais ? Peut-être ne trouve-t-il pas sa place, et pourriez-vous chercher ensemble une solution ?

N'hésitez pas, en plus de parler du contenu (les tâches à réaliser), à aborder le process (comment l'équipe travaille et comment les uns et les autres se sentent dans cette équipe). Libérer la parole est une compétence collective difficile à atteindre, surtout dans un contexte scolaire, avec des temps courts et assez peu d'enjeux. Mais c'est aussi un entraînement salutaire pour vous préparer à des situations collectives qui peuvent être difficiles, sur des projets longs et à forts enjeux, propres aux environnements professionnels.

Des motivations et des engagements clairement exprimés

Nous avons évoqué l'importance d'avoir les bonnes compétences au sein d'une équipe. Encore faut-il s'assurer que vos coéquipiers ont envie de s'engager et de se donner à fond dans le projet.

Les groupes seront parfois constitués par votre professeur et, comme dans l'entreprise, vous ne choisirez pas avec qui vous allez travailler. Certains regretteront de ne pas être avec leurs amis, d'autres ne seront pas intéressés par le sujet, d'autres enfin ne se sentiront pas à l'aise au sein du groupe. La solution passe par le dialogue et l'expression.

Même dans un contexte qui ne nous plaît pas (et vous en subirez souvent en entreprise), demandez-vous ce que vous pouvez quand même en retirer : apprendre, tester une nouvelle démarche, découvrir de nouvelles personnes, une nouvelle méthode... À vous de tourner la situation à votre avantage et de trouver vos sources de motivation, y compris dans un contexte défavorable. « Qu'est-ce qui peut m'intéresser et me motiver quand même dans un contexte que je n'ai pas choisi et qui me déplaît ? » Une fois ces éléments exprimés par tous, le groupe est clair sur les engagements à attendre de chacun, et les frustrations seront donc moindres.

Un leadership accepté

Bien sûr, on ne peut pas parler de management d'équipe sans aborder le sujet du leadership. Dans un groupe d'étudiants, il n'y a pas de position managériale hiérarchique. Vous êtes entre pairs, tous au même niveau. Cela n'empêche pas l'émergence de leaders informels, un ou plusieurs étudiants qui vont guider le groupe.

Plusieurs sources de leadership s'observent dans des groupes d'étudiants : le charisme (celui que tout le monde écoute), la compétence (celui qui connaît déjà le sujet), l'expérience (celui qui a déjà fait un projet identique), la maîtrise de la méthode (celui qui organise les rendez-vous et rappelle les délais), l'âge (le plus ancien du groupe) ou tout autre critère que le reste de l'équipe juge légitime.

Les théories managériales nous rappellent qu'il n'y a pas de leaders sans *followers*. Autant l'autorité hiérarchique d'un chef est légitimée par sa position dans l'organigramme, autant l'autorité naturelle du leader se manifeste parce que les autres l'acceptent et la reconnaissent comme légitime. Les groupes sans leaders sont rares. Parfois, des dynamiques de « leadership tournant » se mettent en place : un étudiant prend la tête des opérations au début du projet, mais un autre lui succède car le projet évolue, avant qu'un autre encore ne guide le groupe vers l'étape de finalisation. Il n'y a pas de bons ou de mauvais modèles, juste des situations adaptées à des contextes chaque fois différents.

Vous disposez donc maintenant d'un tableau de bord à sept cadrans pour observer et agir au sein d'une équipe, en vous appuyant sur ces facteurs clés de succès. Attention cependant, car il n'y a pas de lois scientifiques mécaniques dans la gestion humaine des équipes. C'est un peu comme en cuisine : les meilleurs ingrédients ne suffisent pas à élaborer un plat d'exception. Vous pouvez disposer de l'ensemble de ces ingrédients, et pourtant, la performance n'est pas au rendez-vous. À l'inverse, même avec des défaillances, une équipe peut réussir des choses extraordinaires. Beaucoup trop de paramètres visibles et invisibles peuvent affecter une dynamique d'équipe, donc sa performance. Restez vigilant et humble. Quoiqu'il arrive, c'est la bonne posture à adopter pour apprendre.

Les organisations récentes sont caractérisées par la présence simultanée en leur sein de multiples projets, souvent de nature et de type très variés. Dans les organisations d'aujourd'hui apparaissent de nouvelles formes d'équipe, aux appellations diverses : équipes projets, comités *ad hoc*, *task forces*, groupes autonomes, réseaux horizontaux, communautés de pratiques, etc. Elles relèvent d'un mouvement de fond dans les entreprises : le décloisonnement et la transversalité des modes d'organisation du travail.

Vos capacités à travailler en équipe, à vous intégrer dans un collectif, à jouer un rôle actif dans sa dynamique et sa performance seront indéniablement des composantes essentielles de votre employabilité. Plus que les contenus disciplinaires que vous aurez acquis dans les cours « classiques », comme des milliers voire des millions d'autres étudiants dans le monde, ce sont ces *soft skills* que les recruteurs vont rechercher dans vos diverses expériences. Mieux vaut donc leur avoir accordé toute l'importance qu'elles méritent, dès le début de votre parcours universitaire.

Les écoles de commerce sont de merveilleux terrains d'entraînement pour votre professionnalisation future. Vous y serez confronté à « la vraie vie du travail », celle qui vous attend dans les entreprises : organiser l'activité collective, résoudre des conflits, mener des projets, communiquer, négocier, se mettre d'accord, évaluer, et surtout tirer profit des différences et créer de la compétence collective. De nombreuses recherches ont démontré l'existence d'un niveau collectif de compétence qu'un groupe peut construire, d'une autre nature que la simple somme des compétences qui la composent. Cet attribut est caractéristique des équipes de haute performance… et donc des managers qui savent le mettre en place.

Pour cela, faites de chaque situation, bonne ou mauvaise, une situation « apprenante ». Expérimentez, essayez, soyez acteur, faites des erreurs, recommencez… Bref, prenez en main votre apprentissage et posez-vous en permanence ces questions : qu'ai-je appris ? Qu'est-ce qui a été facile pour moi, ou plus difficile ? Quels sont les biais cognitifs que j'ai repérés ? Qu'ai-je ressenti ? Qu'aurais-je pu faire différemment ? Parfois, l'école vous proposera des supports pour vous aider à réfléchir mais, la plupart du temps, ce sera à vous de jouer !

@ Pour en savoir plus sur les travaux de groupe :

- https://www.mondedesgrandesecoles.fr/le-travail-en-equipe-une-composante-du-succes/
- https://universites-numeriques.fr/travaux-de-groupe-les-avantages-pour-les-etudiants/

Témoignage

Diane
(Diplômée d'emlyon)

« J'ai intégré une école de management après une école d'ingénieur. Les méthodes de travail sont très différentes et les travaux de groupe sont encore plus nombreux. Il n'en demeure pas moins que c'est très formateur car en entreprise nous ne travaillons que rarement seuls ! Il est donc important de s'entraîner au sein de l'école avant de le faire à plus grande échelle. Tout cela m'a donné l'idée de lancer ma start-up qui propose une plateforme d'apprentissage entre pairs en école et en entreprise. On apprend tellement des autres et avec les autres ! »

VIVRE L'AVENTURE ENTREPRENEURIALE

Créer et lancer son entreprise grâce à un parcours académique structurant et porteur de succès

HERVÉ COLAS

Ancien directeur de business schools

OBJECTIFS

CHAPITRE 9

En business school, il est primordial de savoir dépasser les approches purement techniques et de proposer des compréhensions alternatives du management, du leadership et de l'autorité. L'entrepreneuriat n'échappe pas à cette démarche intellectuelle et doit être repensé dans une perspective postmoderne. La question n'est pas seulement de se demander « comment ça marche ? », mais « à quoi ça sert ? ». À la manière de Nietzsche, qui proposait dans *Par-delà le bien et le mal* de dépasser la question morale par l'esthétique, mobilisons le beau et les émotions pour parler d'entrepreneuriat. L'entrepreneuriat est l'activité au sein du monde des affaires qui comporte le plus d'émotions et qui charge la vie « de feu et d'électricité ». Ces émotions sont extrêmement fortes, comme peuvent l'être celles d'un artiste lorsqu'il façonne son médium.

L'idée, somme toute assez simple, revient à poser que l'organisation que vous pourrez créer et que vous animerez deviendra un « médium » entre le « marché » et vous (l'entrepreneur). Pensez à la station F, ce lieu parisien emblématique de l'incubation de start-ups, comme à une galerie d'art… Et gardez à l'esprit qu'entreprendre, c'est le contraire de la mort ; cela peut même donner lieu à une quête d'immortalité – si l'entreprise créée vit sur plusieurs générations…

Monter son entreprise nécessite évidemment d'avoir la bonne idée au bon moment.

Monter son entreprise nécessite évidemment d'avoir la bonne idée au bon moment, de bien saisir les enjeux du marché (offre, demande), de maîtriser les étapes obligées (construire un business plan, réfléchir aux investissements, au financement global du projet...), de savoir valoriser son travail... C'est tout un art !

L'étape du business plan

La première étape de l'aventure entrepreneuriale est de comprendre quelle valeur ajoutée votre projet peut apporter à des clients et quels gains vous pourrez en tirer. C'est le moment de monter votre business plan.

Il vous faut décrire ce que le projet va proposer, à qui celui-ci va s'adresser (une niche, la masse, des segments de population), quel sera son type de relation aux clients (comment il sera distribué), comment sera fixé son prix (service au coup par coup, abonnement, droit d'utiliser le service, location), ou encore avec qui l'offre va se constituer (fournisseurs, partenaires)... Votre business plan décrit le « quoi », soit le produit ou plutôt le service, pour un « qui », le client au sens large, sans oublier bien sûr d'en définir le prix (en le comparant à celui des offres concurrentes, directes ou de substitution). C'est la première approche synthétisant les principales tâches à venir ainsi que les compétences clés qui vous seront nécessaires pour réussir. Enfin, le business plan, en reliant de façon simple le chiffre d'affaires aux coûts engagés, vous permettra de vous poser la grande question de la rentabilité.

Le business plan renvoie à des fondamentaux que les économistes connaissent bien : l'offre et la demande sur un marché. Dans vos cours d'économie de classe préparatoire ou à l'université puis, en école de management, vous apprenez qu'un « marché » est un lieu (généralement) virtuel de rencontre de l'offre et de la demande, définissant les prix et le volume des transactions. On parle aujourd'hui de « plateforme » ou de « *market place* », mais au fond il s'agit de la même chose : un espace de rencontre entre des acheteurs et des vendeurs. Créer un marché est devenu en soi une modalité entrepreneuriale, alors que cela relevait souvent par le passé de la puissance publique (pour organiser le fonctionnement et fixer les règles de concurrence). De nombreuses start-ups sont nées en organisant un marché particulier, notamment en créant un besoin spécifique pour un public spécifique, qui auparavant bricolait des transactions avec d'autres acteurs déjà en place.

Intéressons-nous de plus près à la notion d'offre telle que vous pouvez l'appréhender dans la théorie économique. Les entrepreneurs vont chercher à « maximiser leur profit », c'est-à-dire la différence entre les ventes (ou plus précisément la valeur ajoutée à des matières premières) et le coût des facteurs de production de ce bien (le coût des ressources humaines, de l'utilisation du capital, les loyers du lieu de production, etc.). Vous avez appris en économie que, dans l'idéal, l'entrepreneur doit vendre tant qu'il gagne de l'argent sur une opération commerciale supplémentaire. Le profit augmente tant que la recette marginale (le produit de la

vente) est supérieure au coût marginal (le coût pour produire cette unité supplémentaire vendue). C'est ainsi que les économistes montrent que la courbe d'offre repose sur le coût marginal des entreprises dans un secteur économique. Ce coût marginal, coût prévisionnel, est calculé avant la décision de vendre. Car raisonner en termes de marge n'a d'intérêt qu'avant de prendre une décision. Le coût marginal n'est donc pas un calcul de coût d'un bien, il est le coût d'une décision.

Aussi, le business plan que vous présenterez à des investisseurs ou à des financiers explore la décision d'investir pour produire un service. La courbe d'offre est la synthèse des simulations explorées pour définir les conditions d'accepter de se lancer dans une nouvelle activité.

Comment investir et financer ?

Les écoles de management vous offrent la possibilité d'être accompagné pour lancer votre projet. Une question cruciale se pose très rapidement : combien va coûter le traitement de votre premier client, même si celui-ci est virtuel ? Combien de temps l'équipe va encore passer à développer la nouvelle appli ? Combien faut-il investir dans une pizzeria avant de livrer une première pizza ? Quel est coût de développement de la première dose de vaccin pour faire face à l'épidémie de Covid-19 ? Tout est une question d'investissements ; et ceux-ci peuvent aller jusqu'à plusieurs millions d'euros !

En fait, les investissements initiaux sont le coût marginal de la première unité. Or, celui-ci est très souvent nul sur de longues plages : la recherche-développement nécessaire à la mise au point d'une nouvelle molécule ou d'un logiciel est la principale composante du coût. Dans ce cas, dans une économie de coûts fixes, le coût de la première unité est gigantesque, le coût de la deuxième unité est quasiment nul. Il convient d'absorber ces coûts fixes en vendant le plus d'unités possibles. La grande question est de savoir si le service est « scalable », c'est-à-dire si on peut le déployer à grande échelle sans coût de développement nouveau et sans dépenser trop d'argent pour sa diffusion à un nombre toujours plus grand de clients.

La grande difficulté d'un projet de mise au point d'une nouvelle molécule, d'un logiciel ou d'une appli est le pari sur les investissements.

La grande difficulté d'un projet de mise au point d'une nouvelle molécule, d'un logiciel ou d'une appli est le pari sur les investissements. C'est en cela que l'entrepreneuriat est un sport dangereux. En pareille situation, il vous faudra décrire ce coût puisque la réponse à cette première question (quels sont les investissements ?) en appelle une autre tout aussi cruciale : comment va-t-on financer les investissements ?

Il y a trois possibilités :

– constituer du capital (ou procéder à une augmentation de capital et vendre les actions créées à cet effet à des investisseurs) ;

– emprunter à des établissements financiers spécialisés notamment en fonds d'amorçage (*seed capital* dans le jargon des start-ups), ou encore lever des fonds par une opération de *crowdfunding* (financement participatif via des plateformes dédiées comme KissKissBankBank ou Ulule), ou via des communautés pouvant être intéressées par le projet – souvent en regroupant des « tribus », par exemple celles des Bretons (Kengo), des Auvergnats (Kokoriko), des amateurs de vin (Winefunding) ou de culture (Dartagnan), des défenseurs de l'écologie (Zeste)... ;

– apporter des fonds en recourant à un « compte courant d'associés » (CCA) (ceux-ci « prêtent » de l'argent à leur société et rembourseront leur compte courant lorsque la trésorerie de la nouvelle entreprise le permettra).

Cette question du financement est primordiale, car c'est elle qui va entraîner des « levées de fonds » auprès de Business Angels (les fameux « BA », en général d'autres entrepreneurs qui ont fait fortune avec leur propre entreprise ou encore des fonds privés spécialisés, dans lesquels on retrouve les mêmes entrepreneurs).

En somme, ce financement des investissements est assez structurant. C'est comme lorsque vous achetez une maison : vous remboursez les emprunts avec votre capacité mensuelle ou annuelle à épargner, c'est-à-dire votre revenu mensuel, minoré de vos dépenses de consommation courante. Pour les entreprises, c'est la même chose, à part que l'on fait des calculs un peu plus élaborés au sein d'un « tableau de financement » qui examine le montant des investissements, les emprunts, les remboursements et le montant des dividendes que vous devrez verser à ceux qui vous ont confié leur argent... Tout dépend de la capacité du projet à vendre avec assez de marge pour faire face à ses charges courantes (les salaires, les loyers, les charges diverses...). On appelle cette différence entre les recettes encaissées et les dépenses courantes décaissées (par an) la capacité d'autofinancement (*cash-flow* en anglais). Ce *cash-flow* est crucial car c'est ce qui permet d'équilibrer la trésorerie tous les ans compte tenu des « emplois » décrits plus haut. C'est également l'un des agrégats qui sert à d'évaluer l'entreprise.

L'évaluation d'une entreprise

Si vous profitez de vos études en école de management pour lancer votre start-up, vous commencerez généralement à la développer dans le cadre d'un projet de cours, ou bien en saisissant une opportunité de la vie associative. N'hésitez pas à suivre des parcours de spécialisation dans l'innovation et l'entrepreneuriat qui vous permettront de vous y atteler tout en terminant vos études. Il existe de nombreux mastères ou masters of science (MSc) et les Programmes Grande École en sont généralement pourvus.

De plus, les business schools déploient énormément de moyens financiers et vous pourrez recevoir l'aide de l'incubateur. Cependant, il peut vous arriver de vous retrouver à court de trésorerie pour continuer le développement. C'est assez classique, et c'est à ce moment-là qu'il faudra faire appel à des investisseurs.

Comment, alors, valoriser votre start-up ? Pour celles et ceux qui ont fait des mathématiques financières, cette valorisation d'une entreprise repose sur « l'actualisation de flux futurs de revenus ». Pour caricaturer la chose, la valeur d'une entreprise est la somme actualisée des *cash-flows* qu'elle sera capable de générer : le business plan sert alors à en donner une idée précise.

Dans la pratique, on utilise un coefficient multiplicateur, le PER (*price earning ratio*), le rapport entre la valeur de l'entreprise (*price*) et ses résultats (*earning*). Ce PER est examiné par type d'entreprise (dans un secteur donné, une activité donnée) et est utilisé pour valoriser des sociétés comparables. Il est fonction à la fois des taux de rentabilité et des taux d'intérêt, mais surtout, dans le cas des start-ups, de la croissance espérée. Si celle-ci est forte, les PER deviennent fous puisqu'ils peuvent atteindre des valeurs supérieures à cinquante fois le bénéfice espéré, ce qui donne des valorisations vertigineuses aux start-ups, notamment lorsqu'elles sont les premières à déployer un service (qui ne bugge pas...). Les enchères peuvent ainsi monter très vite, faisant la fortune des entrepreneurs.

L'entrepreneuriat : art de l'action et tentations d'imitation !

S'il est possible de considérer l'entrepreneuriat comme une démarche artistique, on peut aussi emprunter une idée à Hannah Arendt et Paul Ricœur à propos de l'action et penser l'entrepreneuriat comme le « lieu » de l'action contemporaine. Pourquoi parler d'action ? Parce que le management est « l'art de l'action collective ». De plus, l'entrepreneur est un réel sujet d'action, car il est celui qui signe, au sens propre, et celui qui engage, au sens philosophique, puisque pour Arendt et Ricoeur l'action est analogue à un texte qui se détache de son auteur pour être raconté par les autres dans la cité. C'est ce qui distingue l'action de l'événement. Le management se préoccupe plutôt des processus, alors que l'entrepreneuriat a tendance à privilégier l'examen du « qui » signe l'action et à placer la figure de l'entrepreneur en tête de son analyse.

Enfin, vous connaissez le fameux tableau de Magritte invitant à ne pas confondre la pipe et sa représentation sur la toile ? Gardez l'image bien en tête ! En entrepreneuriat, certains ont tendance à croire que s'ils reproduisent les gestes, les mots et les attitudes des start-uppers, bref s'ils les « imitent », ils sont sur la bonne voie ! Or, ce n'est pas en posant un baby-foot dans un open space, ni en arborant des sneakers neuves et des barbes de trois jours qu'ils rencontreront le succès. Il en va de même des incantations qui fleurissent dans le monde des start-ups (le recours très fréquent à des termes et expressions comme « disruptifs », « en mode projet », etc.). Il ne s'agit que d'éléments de décoration et de représentation qui ne relèvent pas de l'être, mais de comportements que Sartre a nommés « mauvaise foi » : un déguisement de start-upper…

BIBLIOGRAPHIE

Chapitre 1

- François Cheng, *La Joie*, Paris, Éditions du Cerf, 2010.
- François Cheng, *Œil ouvert et cœur battant. Comment envisager et dévisager la beauté*, Paris, Desclée de Brouwers/Collège des Bernardins, 2011.
- Jean Chevalier et Alain Gheerbrant, *Dictionnaire des symboles*, éd. revue et augmentée, Paris, Robert Laffont/Jupiter, 2019.
- Christophe Deval et Sylvie Bernard-Curie, *Vous avez tout pour réussir*, Paris, InterÉditions, 2014.
- Julien Deonna et Emma Tieffenbach (dir.), *Petits traités des valeurs*, Paris, Ithaque, 2018.
- François Matton, *Exercices de poésie pratique*, Paris, P.O.L., 2017.
- Marc de Smedt et Patrice Van Eersel (dir.), *Donner du sens à sa vie*, Paris, Albin Michel, 2010.
- Arthur Lochmann, *La vie solide. La charpente comme éthique du faire*, Paris, Payot, 2019.

Chapitre 2

Chapitre construit à partir d'interviews de responsables de la vie associative et d'étudiants (P. Berthier, R. Bougler, M. Chautard, M. Coudreuse, P. Lallemand, L. Lantz, B. Léger, A. Severac, S. Thuillier).

- Dilip Subramanian et Jean-Baptiste Suquet, « Esprit de corps et jeux de distinction étudiants : deux faces d'un week-end d'intégration dans une école de commerce », *Sociologie*, 2016/1, vol. 7, 5-22.

Chapitre 3

- Campus France, *Chiffres clés*, février 2020 : **https://ressources.campusfrance.org/publications/chiffres_cles/fr/chiffres_cles_2020_fr.pdf**

- Conférence des grandes écoles, *L'insertion professionnelle des diplômés des grandes écoles*, 2020 : https://www.cge.asso.fr/publications/enquete-insertion-cge-2020-infographie/
- OCDE, *Education at a Glance 2019 :* https://read.oecd-ilibrary.org/education/education-at-a-glance-2019_f8d7880d-en#page319

Chapitre 4
- Yaron Herman, *Le Délic créatif*, Paris, Fayard, 2020.
- Valérie Belmokhtar, *Créer, c'est exister*, Paris, Pyramid, 2019.

Chapitre 5
- Gabrielle Halpern, *Tous centaures ! Éloge de l'hybridation*, Paris, Le Pommier, 2020.

Chapitre 6
- Mickael Naulleau, « Le management des talents », *in* Nicolas Arnaud, *Nouveaux enjeux de la GRH*, Paris, Ellipses, 2013.
- Daniel Goleman, "What makes a leader?", *Clinical Laboratory Management Review*, 13(3), mai-juin 1999, p. 123-131.
- Data.gouv, Répertoire opérationnel des métiers et des emplois : https://www.data.gouv.fr/fr/datasets/repertoire-operationnel-des-metiers-et-des-emplois-rome/

Chapitre 7
- Mathieu Dardaillon, *Activez vos talents, ils peuvent changer le monde !*, Paris, Alisio, 2020.
- Emmanuel de Lutzel et Valérie de La Rochefoucauld Drouâs, *Transformez votre entreprise de l'intérieur ! Le guide de l'intrapreneur*, Paris, Rue de l'échiquier, 2015.

Chapitre 8
- Réseau Canopé, *52 méthodes pratiques pour enseigner*, « Travail de groupe » : https://www.reseau-canope.fr/fileadmin/user_upload/Projets/developper_esprit_critique/52_methodes_pratiques_pour_enseigner_travail_de_groupe.pdf

BIOGRAPHIES DES AUTEURS

Directrice du Programme Grande École à emlyon business school, titulaire d'un doctorat en sciences de gestion, **Sylvie Jean** a commencé sa carrière d'enseignant-chercheur à l'EDHEC où elle a occupé différents postes : directrice de l'année pré-master et MSc Global Business, ainsi que directrice des admissions (création du nouveau format d'entretien lancé en 2017). Elle a également été directrice du Programme Grande École de NEOMA Business School des campus de Reims et Rouen.

• • • •

Nicolas Arnaud est professeur de management et stratégie à Audencia Business School. Titulaire de l'HDR, il occupe également les fonctions de directeur du PGE et directeur des programmes. Fort de ses travaux de recherche portant sur les nouvelles pratiques de management, il a accompagné de nombreuses entreprises dans leur transformation. Il est l'auteur de nombreux écrits scientifiques et autres articles de presse, tant en France qu'à l'international.

Rachel Beaujolin est professeure de management à NEOMA Business School. Elle est actuellement responsable pédagogique du « Parcours Entrepreneuriat associatif » du Programme Grande École. Ses activités pédagogiques et de recherche portent sur les transformations organisationnelles, l'apprentissage expérientiel et le développement des compétences managériales en situation.

Catherine Champeyrol est artiste peintre diplômée de l'EDHEC. Avec sa solide expérience du terrain, son parcours de dirigeante et d'entrepreneure, elle partage, en France comme à l'international, sa connaissance fine des ressorts de la créativité opérationnelle auprès de grandes écoles, d'universités et d'entreprises dans le cadre de son activité de conseil Beautemps (**www.beautemps.com**). Elle s'adresse aussi à un plus large public par le collectif de jeux coopératifs, Jeuxdenjeux (**www.jeuxdenjeux.com**).

Isabelle Chevalier, directrice du département « Talent & Carrière » de NEOMA Business School, est chargée de l'accompagnement et de l'insertion professionnels des étudiants, ainsi que de la vie associative. Dans ce cadre, elle travaille sur une meilleure mise en valeur des expériences associatives et des compétences des étudiants.

Hervé Colas est président d'un groupe de services aux entreprises comptant près de six cents membres. Il est également professeur associé au CNAM de théorie des organisations. Il a été contrôleur de gestion industriel, conseil en finance locale, et directeur général adjoint de grandes écoles de management. Titulaire d'un doctorat en sciences de gestion et d'un master d'économie mathématique, diplômé d'HEC, il est expert-comptable inscrit à l'Ordre des Hauts-de-France.

Nathalie Hector est directrice du développement et professeure à SKEMA Business School. Titulaire d'un doctorat en sciences de gestion, elle a également exercé la fonction de directrice de PGE.

Anne-Claire Pache est professeure en innovation sociale et entrepreneuriat social, titulaire de la chaire Philanthropie, et directrice de la stratégie et de l'engagement sociétal de l'ESSEC Business School. À ce titre, elle pilote la démarche de transition écologique et sociale à 360° de l'école. Avant de rejoindre le monde académique, elle a participé à la création d'Unis-Cité, association pionnière du service civique en France.

Jordane Pedron est diplômé en communication et en marketing. Il a aussi obtenu un EMBA à Rennes School of Business. Après un passage à IDEAL connaissances, entreprise qui intervient auprès du secteur public, et à l'École nationale des Ponts et Chaussées, il rejoint

Rennes School of Business en 2013 pour développer la formation initiale en France, puis à l'international. Il est depuis 2019 en charge de l'Executive Education de l'école.

Thierry Picq, docteur en gestion et HDR, est professeur à emlyon business school, dont il a été le directeur académique de 2014 à 2017 et le directeur de l'innovation de 2017 à 2020. Passionné des dynamiques humaines dans les organisations, il intervient fréquemment sur ses thèmes de recherche : l'innovation managériale, la conduite du changement, les équipes de haute performance et le management de projet. Il a publié de nombreux ouvrages et articles académiques et professionnels sur ces sujets.

Élodie Saint-Yves a rejoint l'équipe internationale de l'École Centrale de Nantes en 2009, après un passage à la mission permanente de la France auprès des Nations unies à New York. Engagée depuis 2010 dans les activités internationales de Rennes School of Business, elle est en charge depuis 2016 de l'équipe de la mobilité internationale.

Achevé d'imprimer en mars 2021 en France par Présence Graphique

Dépôt légal : mars 2021 – N° éditeur : MAGSI20200659

PEFC™ 10-31-2677